和你的錢對話

不再恐懼沒有錢，
瞭解自己，瞭解你的錢

瑞秋・克魯茲 Rachel Cruze ◎著
林師祺 ◎譯

我要稱謝祢，因我受造，奇妙可畏；
祢的作爲奇妙，這是我心深知道的。

《聖經》〈詩篇〉第一三九篇第十四節

致溫斯頓

我很開心你是世上最瞭解我的人。我覺得你瞭解我，深愛我。
你自我成長的方法不僅鞏固我們的婚姻，
也強化我對成長的追求，並且更瞭解自己。
謝謝你這一生始終支持我，鼓勵我，爲我奮鬥。我愛你至深。

推薦序／夏韻芬（財經節目主持人、暢銷書作家）

理財先理心！比起免費明牌，先探索自己和錢的關係

以翻譯書觀察，我喜歡閱讀的投資理財書籍，除了大師經典之外，大致上不脫三種類型，一種是巨大事件：例如《龐氏風暴》《大賣空》《金融騙局》等等，另外一種是華爾街日報記者的調查式內容，透過長時期的觀察與採訪，內容跟內幕絕對精采。另外一種則是今天推薦給大家的理財心法，作者透過生活案例的分享，協助大家一步一步瞭解跟金錢的關係，同時引導處理步驟跟程序之後，讓大家不再因為對金錢的誤解出現恐懼與焦慮，跟我一直強調理財先理心，不謀而合。

在國內的書市當中，投資人偏愛的是明牌跟方法，試想如果一個人沒有學開車就上路，他一邊聽別人教，一邊開車，這樣可以過關還是會危險十足？也就是說當你沒有投資心法跟策略，當聽到「免費」明牌後立刻買進，等著賺錢，是不是也同樣危險？

本書《和你的錢對話》就是一本理財管理的心法，其實一生的財富管理包括：收支管理（現金流的穩定）、信用管理（負債管理房貸、車貸以及其他債務）、風險管理（失業、失能）。當這三件事都控管好，財富根基就會穩定。於是理財規劃步驟就是先界定目標，了解家庭的收支狀況，找出資金缺口後，才來想用什麼方法補足資金的缺口，工具其實在最後。

本書作者可以用故事跟做法帶你進入金錢的關係中，尤其書上有一個「輪到你了」的練習單元，大家可以練習寫下你的答案。透過本書的練習之外，台灣的讀者也可以留給自己一些時間思考以下問題：

1 想要買房子，想買總價多少錢的房子？我目前多少自備款的房子？

2 我生病的時候一天的病房費用是多少？除了健保病房費差額以外，到底要多少，才能應付重病造成家裡的財務負擔？

3 我有其他的債務（房貸除外），如何建立清償計畫？

4 如果希望栽培孩子出國深造，要準備多少錢？

5 如果退休時想要繼續住在現在的環境，過一樣的生活水準，每個月需要多少錢？

現階段的大眾，在面對通膨壓力以及景氣衰退的可能性，增加理財的焦慮症，但是如果貿然投資，無法解決真正的問題。因此，投資小白先透過本書練習心法，有經驗的人要注意到手上的流動，現階段先評估，未來一段時間家庭支出是否會增加（例如通膨物價變貴、房東漲房租），還有現已在支付的定期定額、保險費是否會受到影響等等。換言之，必須要了解收與支是否還能有結餘，至少保留一至兩年的收入為流動性高的現金資產，包括活儲、定存、國內債券或貨幣型基金都是屬於波動性低、變現性高的資產。

此外在信用管理方面，常常出現的陷阱是：有人每月繳保險費，然後把保單拿去貸款，當利息繳不出來時，又用信用卡去借款，去繳更高的利息，這種情況造成現金流量不足，最糟的是以為每月有儲蓄，實際上卻是借錢去儲蓄。

姑且不論台灣投資環境中，原本就呈現資訊爆炸現象，加上金融環境訊息萬變，新的金融商品不斷推出，市面上也多有理專、投顧老師的「好康」推薦，高獲利商品的傳單滿天飛，但是這些真的是善行義舉，希望人人致富？還是這是一個陷阱，讓你萬劫不復？

有人說「十年磨一劍」，也有人說「台上十分鐘，台下十年功」（這點因為工作常常需要面對大眾，我自己很有感觸），在投資上，我更發現修練的時間要更長。如果有人告訴你一個訣竅、一個好方法，那絕對是騙你的。首先你的心法觀念要正確，透過理論了解金錢關係之後，各位讀者可以進入實戰經驗，才能成功，畢竟理論大家可以透過理解學習，但是理財實踐都需要時間證明。

這是一本容易進入金錢世界，並且探索自己跟金錢的關係（消費、借貸、夢想、奉獻、退休）的具體實踐方法，我讀起來很有共鳴，也祝福大家閱讀愉快、收穫滿滿。

關於夏韻芬

財經節目主持人、作家。透過多年的報紙、電視、廣播、網路等媒體訓練與經歷，將複雜、生澀的財經議題，融入生活中，教大家聰明理財致富。官方訊息請認明有藍勾勾認證「夏韻芬」ＦＢ粉絲專頁。

推薦序／大衛・藍西（美國著名理財企管專家）

徹底改造你的財務狀況和人生

如果你像我一樣，在淳樸的鄉下人家長大，故事和古諺就是人生的一部分。一方面是因為聽了一遍又一遍，一方面是因為其中蘊含許多真理。我記得孩提時期，父親多次提到：「解決問題有九成取決於意識到這個問題。」無論問題是汽車變速箱，或是你，這個道理都適用。

多年前破產時，我犯了多數金融界人士都會犯的錯，以為解決個人財務問題的方法是擬定不同的數學策略。只要在數字上有了不起的突破，我為自己和家人挖的巨大財務漏洞就會神奇消失。

但數學不是問題所在。真正的突破是發現鏡子裡那個人才是問題。哦，順道說一句，這個人也是答案。我無法改變數字，無論從哪個角度看，我都欠了幾百萬美元的債務。我無法改變這一點，但我可以改變自己。我可以停止用錢做傻事，可以學習上帝處理金錢的方法，然後照辦。

那個自我探索的時刻已經是三十年前，如今我和團隊教導數百萬人明白，個人財務與數學無關。處理金錢——以錢取勝——完全取決於行為。我們對這一點也有個說法：個人理財是八成的行為和兩成的知識。知道該如何理財很容易，實際操作才困難。

改變行為很困難，必須瞭解自己的強項和弱點。為什麼你面對金錢會做出這種選擇？有時這個問題不易回答，或讓你覺得不自在。但是透過探索長處和短處，可以學著如何彌補短處，突出長處。然後呢？那就是加速行為的改變，在金錢、人際關係和人生都會有巨大突破。

小女瑞秋・克魯茲從小就遵守這套理財觀念，我是在她襁褓時期開始教導這套原則。這個可憐的孩子根本不知道她的家庭有多怪！如果我是使用這套原則解決財務亂象，繼而創造財富的專家，瑞秋就是從小實踐這套原則的專家。她每天都透過「瑞秋・克魯茲秀」或她的暢銷書，輔導有金錢問題的人。她的訊息明確：你可以擁有你熱愛的人生。

但她也不斷傾聽。人們分享故事時，瑞秋深入瞭解每個選擇背後的原因，就能幫助他們做出更好的抉擇。這也是本書的主旨。

透過一系列不同的角度，瑞秋將帶領你們探索自我。你將瞭解成長方式如何影響理財決定，明白真正的理財恐懼以及如何面對，並且詳細瞭解你花錢和存錢的動機。最重要的是，瑞秋將幫助你運用所學，徹底改造你的財務狀況和人生。等你看完這本書，就有能力改變行為，也終於能在理財方面——人生最教人緊繃的話題——取得真正的進展。這會觸及你的人際關係，改變你的未來。當然，你的銀行帳戶也會有所不同。

你翻開這本書就停不下來，所以請大家挪出充裕的時間。準備瞭解你自己，準備開始努力吧！

【國內推薦好評★★★★★】

翻轉我們對金錢的認知

我們多數人都不是含著金湯匙出生，更多是含著飯匙，一出生就讓家裡要多負擔一碗飯。

也因此從小的金錢教育，多數父母總是傳播貧窮的恐懼、有錢的危險，也造就我們對於金錢管理失去正確的認知態度。

這本書從帶你重新認識自己開始，理解內心恐懼的源頭，使我們對於金錢使用有正確的掌握，不至於荒唐揮霍，也不會過度吝嗇小氣，為大家推薦這本翻轉金錢認知的好書《和你的錢對話：不再恐懼沒有錢，瞭解自己，瞭解你的錢》。

——閱讀人社群主編鄭俊德

達成夢想的摯友

如果金錢是人，它可以是我們最好的朋友，也可能是讓我們倍感壓力的陌生人。透過這本書的協助，我們可以更精確地分析自我與金錢的關係，並透過可行的方法，讓每一分錢成為協助我們達成夢想的摯友。

——好好理財主編Marra

深度探索自己一次

當貓看到雷射光點的時候，會發狂似的向前撲，移動的雷射喚起了貓咪的狩獵本能，而此時的光點，成了牠眼中唯一的目標。

你知道嗎，這世界有多少人像貓追光點一樣，盲目地追著金錢？追了大半輩子，到頭來才發現全都是一場空。金錢確實可以加速我們達到人生目標，但它終究不會是目標的終點。

改變始於自我覺察，要能跳出金錢的恐懼迴圈，應該深入了解自我動機後，才會知道該如何修正。

《和你的錢對話：不再恐懼沒有錢，瞭解自己，瞭解你的錢》提供一個非常棒的探索機會，快翻開書跟我一起認識金錢、認識自己吧！

——理財館長

坦誠面對自己的財務困境

教育體制沒有教導如何理財，我們的理財觀多數建立在家庭生活，從小到大養成的消費習慣，會影響看待這個世界的角度。當陷入金錢恐懼、危機時，可以試著瞭解這樣的源頭是否源自於金錢觀念的建構不夠紮實，抑或是回溯至家庭帶給你什麼樣的想法，讓你做出這樣的行為。

作者分析多種消費行為，找出自己相對應的特質，並一步一步解決問題，每個人都能擁有不為錢煩惱的人生，我們缺乏的只是坦誠面對自己的財務困境！

——30節約男子

精準指導你的財務心理健康指南

談到投資理財與改善個人財務，人們首先想到的往往是去尋找更好的投資工具、更好的方法和技巧。

但實際上，對個人財富有更大影響的，是關於我們是否對自己有充足的認識，是否了解自己的潛意識都如何去進行財務決策，以及背後的心態與動機。

如果你曾經尋找過許多方法與技巧，但財務狀況依然沒有改善，也許這本書能讓你對自己的財務心理有更精確的認識。

——財經作家Mr.Market市場先生

【國外推薦好評★★★★★】

瑞秋精湛地追究探索我們為何做出這樣的理財決策（和錯誤）。這本書是自我探索的必需品。

——研究人員、《紐約時報》暢銷書作家暨「優勢革命」（Strengths Revolution）創始人馬克斯・巴金漢（Marcus Buokingham）

我常說，想瞭解一個人就看看他們的支票簿和行事曆。我們如何花時間和金錢，大大反映了真正的我們。瑞秋深入探索，揭開這個謎。

——《紐約時報》暢銷書作家亨利・克勞德博士（Dr.Henrg Cloud）

我們到頭來都會面臨管理財務的責任！這是人生中重要且無可避免的一部分。瑞秋・克魯茲深入探索我們與金錢互動方式背後的原因。她說明瞭解自己的重要性，你才能真正朝著目標邁進。

——演員暨《紐約時報》暢銷書作家肯蒂絲・卡麥蓉・布雷（Candace Cameron Bure）

如果你想在某方面做得更好，就與更好的人為伍。這就是這本書的主旨！身邊更好的人也會為你著想。我小時候很窮，沒有錢，也沒有人教我理財。當時這本書很適合我。老實說，現在也是。開始讀，學得聰明點，做出更好的決定，過得更好。就這樣！

——《紐約時報》暢銷書作家暨全國性電台主持人鮑比．博恩斯（Bobby Bones）

當你瞭解你理財決定背後的原因，就能真正朝著你的目標邁進。這本書不僅會改變你的理財習慣，也會改善你的人際關係和你的人生！

——公益團體「A21運動」發起人克莉絲汀．凱恩（Christine Caine）

瑞秋．克魯茲懂得如何簡化複雜的想法。《和你的錢對話》揭開不幸的財務決定、生活決策背後的動機和心態，然後為持久的改變提供明確計畫。任何對抗財務問題、身分認同問題的人，一定要看這本書。

——作家、播客、電影製片暨演說家約書亞．菲爾茲．密爾本與萊恩．尼克迪穆（Josnua Fields Millbum & Ryan Nicodemus）

如果你準備深入思考自己花錢方式背後的原因，尋找向前邁進的實用幫助，這本書就是為你而寫！你一定喜歡！

——《放掉頭腦吧！你就是你的念頭——跳出惡念，奪回你每一個念頭！》作者暨「意福：聚會」的創始人珍妮・艾倫（Jennie Allen）

這可能是你讀過關於個人理財最有幫助的書！瑞秋將以你想都想不到的方式幫助你瞭解自己和你的錢。

——《爲自己，再勇敢一次：一日一練習，100天揮別恐懼感，喚醒全新的自己》作者暨「聽起來很有趣」（That Sounds Fun）播客主持人安妮・唐絲（Annie F. Downs）

想要創造、活出鍾愛人生的人，這本書可以扭轉乾坤！瑞秋引領我們走上自我探索的道路，瞭解我們理財方式的原因，瞭解這個體悟又能如何加深我們與他人的關係。

——記者、作家和播客寶拉・法里斯（Paula Faris）

這本書讓你清楚瞭解你的金錢觀，還指點一條改變理財習慣的實用途徑。務必讀一讀！

——《婚前抗逆祕笈》作者帕瑞特夫婦（Drs. Les & Leslie Parrott）

書名說明了一切！瞭解你是誰，瞭解你的個性，是徹底改變財務習慣的重要第一步。本書實用易懂，帶你踏上自我探索的旅程，讓你看到你的過去如何影響你現在的金錢觀，看到你未來的夢想如何影響財務狀況。這本書會改變你的人生，怎麼大推都不夠。

——《九型人格的成長練習：成爲自己，從看見上帝眼中的你開始》作者伊恩・摩根・庫恩（Ian Morgan Cron）

《和你的錢對話》探索動機和金錢。作者嫻熟地帶領讀者看到有關金錢的情感動機，並且從瞭解中受益。這是一本好書，是精心寫給讀者的禮物——詼諧、深刻、實用又屬靈。

——《心靈的聲音》作者奇普・杜德博士（Chip Dodd）

目錄
CONTENTS

—第二部— 探索你用錢做哪些事情，原因又是什麼

前言

打從我小時候開始，爸媽每晚都讀書給我們聽，想到這件事，我不禁莞爾。我和姊姊德妮絲、弟弟丹尼爾會爬上床，有時媽媽還沒讀完故事，她甜美、舒緩的聲音就伴著我們進入夢鄉。如果由爸爸來讀呢？那就太棒了！沒有人會睡著！他會用各種誇張的聲音幫角色配音，或者把人物的名字改得更有趣。我最喜歡他讀聖經故事時，把門徒這個詞換成鵝蛋。我們笑瘋了，覺得他是世上最有趣的爸爸。

我最記得某個床邊故事。那本書名叫《藏寶樹》（Treasure Tree），作者是約翰・特倫特（John Trent）和蓋瑞・史馬利（Gary Smalley）。書中有四種動物——獅子、河狸、水獺和黃金獵犬。牠們一起去冒險，尋找能通往藏寶樹的四把金鑰匙。四個主角除了有地圖幫忙指路，還有另一個有利條件：牠們各自看待世界的獨特視角。這種獨特觀點幫助牠們沿路克服各種障礙。最後是獅子的領導力、河狸的組織力、水獺的機智和黃金獵犬的忠誠幫助牠們找到藏寶樹。

長大之後回顧這本書，發覺它頗具深意。孩提時期，這本書之所以能吸引我們的注意是因為故事有趣、插圖精美，但原因不僅止於此。因為這本書比較長，爸媽每晚只唸一章。聽著聽著，我們很容易看出誰最像哪種動物。我們確定爸爸是獅子，媽媽是黃金獵犬，德妮絲是河狸，丹尼爾結合了獅子和水獺的特色，我則是水獺。

即使當年才十歲，我都記得那隻水獺深得我心。牠有魅力，風趣，隨時都保持樂觀。我們聽故事時，我很開心家人指著水獺說：「瑞秋，妳就會這麼做！」事實上，每當書裡寫到我們每個人的個性時，我們就大肆讚揚。我因此充滿自信，我覺得大家瞭解我，明白我，而且我很特別。《藏寶樹》幫助我開始看到**自己**。

這段記憶之所以特別有兩個原因。我喜歡一家人共享的時光，即使不過是晚上一起看書。我也很開心認同那隻水獺幫助我更瞭解自己。我發現，我自有一套方法與家人或世界建立關係。我瞭解家中每個人都有值得倚重的優點與需要克服的弱點。我甚至有了新的語彙，更知道如何與他人溝通。瞭解我自己和周圍的人既有趣又有助益，我著了迷！

無論是透過人生經驗、諮商、關於家中排行主題的書籍，或透過DISC行為模式①、麥布二氏類型量表②或九型人格③分析等性格分類來瞭解自己——自我覺察都很強大。我們都很複雜，有不同的故事和各異的世界觀，然而瞭解自己，瞭解我們的天性——我們的過去，優、缺點，我們的恐懼和夢想——有助於我們明白為何做出這些抉擇。一旦知道每個決定和習慣背後的原因，就能做出不一樣又更好的決定。

我們已經幫助幾百萬人處理財務困擾。自從父親二十五年前創辦公司以來，就開始講解令人畏懼的個人財務問題，而且讓各行各業都能理解、運用，我們也樂在其中。想知道如何發財致富嗎？我們可以幫忙。舉凡規劃預算、償還債務、投資、累積財富、慷慨解囊、教導孩子認識金錢、大學畢業不欠債，我們都教，甚至不止於此。相信我，這本書也會討論上述某些金錢原則！雖然這些原則對生活富足至關重要，其實攸關你如何處理你的錢，而不是你爲何以這種方式處理錢。兩者有天壤之別。

我的朋友艾曼達向來喜歡購物。對她而言，找到划算交易是娛樂消遣。雖然她現在是個中高手，以前對他們夫妻卻是莫大壓力。無論他們賺多少錢，艾曼達幾乎總是入不敷出。她的丈夫盡量體諒她、容忍她，但他深感挫折。將近四十歲時，艾曼達知道婚姻岌岌可危，決定去諮商，找出問題的根源。

結果她發現什麼？她從小跟著鮮少花錢又極度節儉的父母，才養成日後的購物習慣。很少有人像她的父母一樣，自小就只能用極少的資源過日子。他們會留下麥片盒裡的袋子，「以防萬一」。這種日子過了十八年，一旦獨立，艾曼達開始購物，純粹因為她可以花錢了。在諮商過程中意識到這一點就像靈光乍現，此後她的購買習慣徹底改變。如今她依然喜歡購物，但不再是衝動購物——這件事也不再造成夫妻齟齬。她釐清行為背後的原因，人生從此改觀。

艾曼達不是特例。我和心理學家兼暢銷書作家亨利・克勞德④博士聊過，他是這麼說的：「你們的相處之道與你們如何花錢息息相關。」你的理財決定師出有因。如果你能理解你支配金錢的原因，就能決定做出更好的選擇，最後獲致全新水準的財務

---

① DiSC profile，美國心理學家William Marston於一九二八年提出的理論，將人們的行為分為支配型（dominance）、影響型（influence）、穩定型（steadiness）和謹慎型（conscientiousness）。

② Myers-Briggs Type Indicator，性格分類的一種，藉由四個問題把人分成十六類。

③ Enneagram，九型人格是性格分類，基本上將與生俱來的性格分成九類。

④ Henry Cloud，美國著名諮商顧問、臨床心理學博士，著有《職場軟實力》《為領導立界線》等。

安定。當你瞭解自己，就更能回答以下問題：

- 我對金錢的看法是什麼，為什麼？
- 為什麼我一直犯同樣的理財錯誤？
- 為什麼我和另一半不能在理財方面意見一致？
- 我需要改變自己哪些地方，才能改變我的家庭傳承？

你越瞭解自己，就越擅長談論、處理金錢。知道這是什麼意思嗎？表示你可以更快擺脫債務，而且永遠不再負債。你和配偶合作更有效率。你可以創造財富，更快達到目標。**你可以創造並享受你的人生！**

《和你的錢對話》完全著墨於自我探索——瞭解你對金錢的信念、瞭解你為什麼花錢做這些事，卻不做那些事。第一部是探討你個人對金錢的心態：你在童年時期對金錢有何概念、你獨具一格的花錢態度、你對金錢的恐懼，以及你對於理財失誤為何有那些反應。第二部則探索一些刺激你消費的因素：你為什用這個方式花錢、存錢和捐獻，又是如何致力於長期賺錢致富。當你閱讀這些章節時，我希望你更瞭解自己以及最親近的人。

請不要誤會，我寫這本書不是為了讓你自我覺察、或讓你「啊哈」頓悟，然後轉身就去忙下一件事。寫這本書的目的是為了讓你把這些新知識付諸行動。因此，我們在最後的結論將回顧你對自己的瞭解，我再告訴你如何將這些見解付諸行動，你就能在理財和人生方面取得真正的進步。事實證明，改善財務，也會改善人際關係和未來。

當你理解你理財模式的原因，就能發揮長處優勢，永遠改掉壞習慣，才能去做你最重視的事情，決定可以改變形勢。這就開始嘍！

第一部

探索你個人的理財心態

第1章

兒時的理財課堂

義大利麵之夜改變了我的人生。當時我二年級，在最好的朋友家吃晚餐。凱蒂・湯普森和我住在同一條街上，從我有記憶以來就是我的朋友。我去她家玩了幾十次，她也常來我家，我們的媽媽也很要好。現在我自己有孩子，知道孩子和朋友的孩子玩得來是最好不過了。對我們的母親而言，我和凱蒂形影不離實是美事一樁。

不過那天晚餐發生了一件事。現在回想，那是我人生中意義深遠的一刻。晚餐時間快到了，凱蒂的媽媽說晚上要吃義大利麵，我很興奮。我媽在家常做義大利麵，我很愛吃。（如今依然是我最愛的菜色！）我們坐下用餐時，我卻覺得哪裡不對勁。

麵條不該這麼長。媽媽總是把麵條切成兩半，這些麵條卻長得沒有盡頭。醬汁是暗紅色，幾乎接近棕色。更糟糕的是，盤子中間放了很噁心的肉球（又稱為肉丸，我看都沒看過）。義大利麵醬應該是鮮紅色，裡面摻雜著小塊碎肉末。麵包又在哪裡？應該有麵包！否則拿什麼沾剩下的醬汁？

我坐在那裡，滿頭問號。凱蒂一家已經高興地開動，用勺子把義大利麵繞著叉子吃。我們家用叉子切麵條，偶爾會聽到有人發出簌簌聲。凱蒂的媽媽倒牛奶給我們喝，這對我來說太詭異了，我們家（非常南方）晚餐只喝甜茶。那天在凱蒂家那頓飯，在我看來大錯特錯。不，不，不！這不是義大利麵，義大利麵之夜不應該是這樣的！我的小小世界天崩地裂。

這是我最早意識到，別人做事方法不一定和我一樣。以前我以為義大利麵只有一個樣子——凱蒂肯定也這麼想！她印象中的義大利麵有超長麵條，深色醬汁、肉丸和牛奶；我卻等著吃短麵條、鮮紅醬汁、麵包和甜茶。義大利麵這麼簡單的餐點，我們可以有相同的公式：一頓義大利麵晚餐等於麵條、肉和醬汁。做法卻有百百種，所以每家的義大利麵外觀和味道各不相同。

金錢也一樣。每個家庭都獨一無二，每個家長都不一樣。如何長大、成長環境都以特定方式塑造你的理財信念和理財習慣。所以要瞭解我們理財模式的第一步，就要從童年說起。兒童成長時期，耳濡目染所學到的遠多過師長耳提面命教導的，也就是說孩子在不知不覺中吸收許多理財觀念。有些人認為金錢代表壓力，需要遮遮掩掩；有些人則認為，金錢有和平、正向的意義。基本材料都一樣——錢、收入、帳單、目標——每個家庭卻有各不相同的結果和心情。

我的理財故事如何開始

我們成年後如何看待金錢，背後又有什麼原因，多半受到父母或撫養人的影響。無論我們在什麼樣的家庭長大，無論受單親、雙親或親戚撫養，這一點放諸四海皆準。

我的金錢故事要從我爸媽最艱難的財務階段說起。我四月出生，他們同年九月申請破產。姊姊當時大約三歲，所以他們帶著一個新生兒、一個剛學走路的孩子，以及——正如爸爸常說的——「搖搖欲墜的婚姻」，人生跌入谷底。**而且跌得很重。**他們花了五年才從谷底爬上來——差不多是我最早有記憶的時期。

我不記得最初破產的慘況。我只記得破產後的情況，以及家裡後來的嶄新理財方式。爸媽開始討論金錢，為兩人所擁有的一點點資產規劃預算，而且對債務避之唯恐不及。我們在寄賣商店買衣服，從不度假，只有慶生時才上館子，我以為人人都這麼過日子。父母對債務、規劃預算和儲蓄的看法深刻影響我。

因為父母在那次慘痛破產後辛勤工作，我才能親身體會妥善理財的重要性。我知道收入是累積財富的首要工具——所以我從未負債，以後也不會借貸。事實上，我一生都在執行大衛・藍西的「循序漸進法」。這麼說不是自誇，只是說明父母對我們的金錢觀有多大的影響。

你的故事可能不會牽涉到破產這麼戲劇化的事情，但你一定要瞭解父母在你童年時期的金錢觀和理財方式。孩提時期的家庭是你的理財課堂。你成年之後，理財的方式可能就像你小時候看到的父母的方式，又或者你故意改變做法——甚至背道而馳。總之我們每個人都在童年時期學到教訓，並且延續到成年。有些好習慣和健康的金錢觀對我們有益，有些則是我們真心希望能夠拋棄的惡習。

爆米花

自小以來，藍西家的孩子最大的樂事就是去電影院看電影。看電影的樂趣有一部分來自完整的體驗——電影、可樂配爆米花。有一年，我媽媽買了超大爆米花，好讓我們免費續杯。每場電影結束時，媽媽都會倒掉吃剩的爆米花，把袋子整齊摺好，塞進皮包。下一次我們去看電影，她就拿出同樣的袋子，去領免費「續杯」。有時，她甚至會讓我們其中一個孩子去拿！

有一次，我幸運被選為續杯人。在小吃部打工的孩子看著我和油膩膩、顯然用過的皺巴巴爆米花袋。他困惑地問我：「這是舊袋子嗎？」我彷彿被人逮到內線交易！我緊張地對他笑，領了爆米花就迅速走回電影院。

沒錯，各位先生女士，理論上而言，我們偷爆米花偷了好多年！幾年前晚餐時，我們講起這件事，我爸快崩潰了：「雪倫！妳竟然偷電影院的爆米花！」

「大衛，」她用甜蜜的南方口音說，「那不是偷，只是節約。」

告訴你，如今只要哪裡賣爆米花，我一定買，就是為了彌補那些年的「免費」續杯。我沒把這種程度的「節約」習慣帶到成年！

當然，這是個說明童年如何影響成年後的我們的輕鬆例子，但這些經驗不見得都無傷大雅。無論當年過得節儉、奢華，或介於兩者之間，我們都需要花時間探索我們的理財課堂，才知道當年的點滴如何塑造今天的我們。

不同的觀點

當你思索自己如何長大時，請記住，兄弟姊妹可能以不同觀點看待當年的成長過程。我們的個性不一樣，愛好、恐懼和夢想各不相同。即使你們手足在同一間屋子裡長大，即使你們有類似的生活經歷，你們對這些經歷的感知和內化方式可能南轅北轍。即使知己好友也一樣。如果你已婚，這個道理也適用於你們夫妻。對你的小舅子也一樣。

舉例如下：我的父母在教養嚴格方面屬於中間地帶。如果到朋友家過夜，對方家長要我打電話回家，詢問能否看某部電影，爸媽永遠都說好。當然，我們也不會在五年級就要求看《沉默的羔羊》。他們在電影方面絕對不算嚴格。

但是他們非常嚴格要求門禁時間。姊姊德妮絲最慘，可憐的長女。我身為老二，還有一點斡旋空間。到了弟弟丹尼爾時，基本上已經不受任何約束。現在我自己養了兩個女兒和一個么子，完全明白父母的用心。

我九年級時，德妮絲已經十一年級。她拿到駕照時，我無敵興奮。我感受到自由的滋味，有時候出去不再需要父母開車接送！每週三晚上，德妮絲和我都去參加教會的青年小組。活動結束之後，我們總是會去教會那條街上的墨西哥餐廳。一群青少年就狂吃薯片、乳酪和水。我們小氣到連可樂都不肯買！但是多虧爸媽以身作則，我們一定留下小費。

某個週三晚上，我們正準備出門參加青年小組活動，爸爸大喊：「今晚要回家！」我們一臉困惑地對視。這句話是什麼意思？這不是完整句子，但我們已經遲到，所以沒多問。我們繫上安全帶時，德妮絲說：「我們必須在九點半之前回家。」我不同意。我說，既然爸沒說出具體時間，十點就行了。她說，爸爸總說她必須在九點半之前回來，如果遲到一分鐘，她就會被禁足。不知為何，爸媽有時會讓我在外面待到十點，所以我利用天生的業務能力，說服德妮絲晚點回家。

我們十點回家時，爸媽問我們為何遲到。德妮絲瞪我一眼，她果然沒說錯，我很震驚。爸爸提醒我們，他從來不讓我們學期週間日在外面待到九點半之後。即使他沒給我們具體時間，我們應該要有自知之明。幸好，我們姊妹都沒被禁足。但幾十年後，我仍然深信自己的推論有理。

看到了嗎？兩個孩子，兩種性格，兩種經歷——卻來自同一對父母。探索童年家庭的生活時，請記住，兄弟姊妹可能對父母如何處理金錢有不同的看法。見鬼了，甚至父母本人對他們如何撫養你也有不同的觀點和記憶。沒關係，重點是瞭解那段生活如何影響你。

我們如何在成長過程學習理財

審視童年的理財課堂時，我們瞭解理財的方式其實有兩種：父母在情緒上的表達和他們在口頭上的表達。即使我們不能精準點出確切原因，我們透過對某件事情的積極或消極情緒體驗情緒表達。如果情緒表達是正面積極，我們感到平靜；如果是負面消極，我們就覺得有壓力。這種溝通方式與口頭溝通一樣強大——甚至更有力量。

你在成長期間可能覺得金錢帶來壓力。也許你無法說出具體原因，但是一旦討論到金錢，家裡就有種不安的氣氛。當你爸發現你媽買的某樣東西時，你可以察覺那股緊繃的情緒。有時焦慮感如此強烈，你覺得空氣都快凝結了。也許你很難告訴父母學校需要繳費，因為你認為他們可能會有負面反應。你覺得時時都得戰戰兢兢，卻不知道為什麼。

相反地，你可能對金錢覺得平靜、有安全感。汽車壞了，父母不會驚慌失措，只是把車開去修理廠修好。你不小心弄破大衣，爸媽也不以為意，再買一件就好。你不會猶豫躊躇，不敢開口要東西。父母不見得有求必應，但買東西不會造成壓力。家裡有種穩定感，一切都在控制之中。

我們也透過口頭交流瞭解金錢——例如家裡說了什麼（或沒說什麼）。有些家庭在口頭溝通上相當封閉，父母不曾在你面前談錢，也許他們根本不討論這些事，用餐時從未討論債務、預算或投資。此外，你知道不要談論某些話題，例如錢、宗教、政治、性或以上皆是，所以你絕口不提。沒有討論、沒有衝突，沒有遷就妥協，全然缺乏溝通。

對某些人而言，家裡公開且持續討論金錢。也許你的父母談論過規劃預算、討論過延後購買某樣東西，以便執行另一筆消費。也許全家投票決定如何花費某個特定類別的預算。這些意見交流可能很平和：你聽到金錢方面的對話都平靜又理智。或者恰巧相反，你可能時常聽到爭吵、叫囂。不過吵架仍算是公開的溝通，即使有衝突，至少也是放在檯面上談論。

這兩種類型的溝通——情感和言語——彼此相交，形成四個象限。

這些象限代表四種主要的理財課堂：

第一象限：焦慮的課堂

第二象限：不穩定的課堂

第三象限：無知無覺的課堂

第四象限：有安全感的課堂

稍後探索每個象限，你可能很快就會找到自己屬於哪一種。很好！但不要跳過其他象限。每種都讀過，你就可以瞭解身邊的人如何成長。這有助於你理解配偶的理財方式，或知己的金錢觀。你可能會明白父母的互動模式，或約會對象為何花錢如流水。你就能同理你所愛的人，改善彼此的關係。

在第2、第3章探索這些象限並反思童年時，請問自己以下的問題：

- 我在成長過程中聽到哪些關於金錢的事情？
- 談論金錢時，我看到什麼？

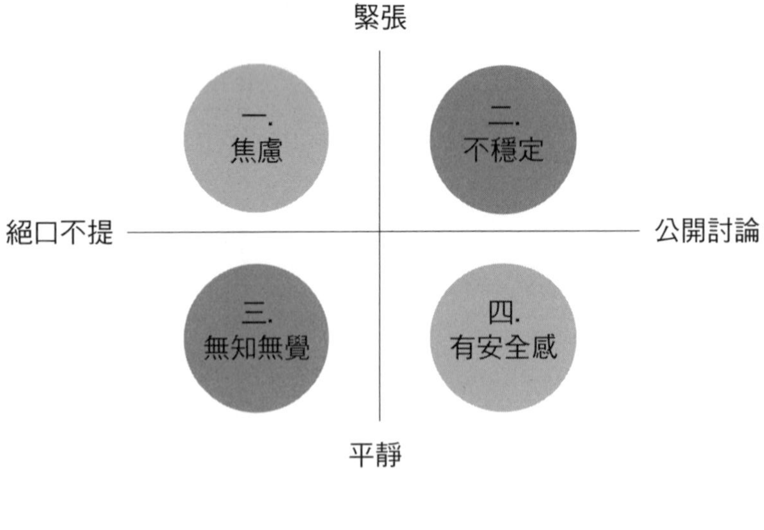

・在金錢方面，我從父母身上得到什麼經歷，或感受到什麼情緒？

這個過程從你出生之後到搬出去自立為止。尋找那些塑造你、影響你的金錢觀的決定性時刻。這些都是性格形成時期的記憶，好比我的義大利麵之夜，你因此對金錢有重大認識，我稱之為**重大時刻**。這些時刻會幫助你瞭解童年回憶和成年後理財行為之間的關聯。

此外，如果你小時候在爸、媽家輪流住，或者家長在後來另有婚配，你的成長時期極有可能經歷了不止一種象限。往下閱讀時，請記住這一點。

第2章 焦慮的理財課堂

我們討論的前兩個理財課堂是情緒緊繃的類型，分別是焦慮（情緒緊張，絕口不提）和不穩定（情緒緊張，公開討論）。第3章才探索情緒平靜的類別。

第一象限：焦慮的課堂

情緒緊張，絕口不提

如果談到金錢就覺得焦慮或緊張，家裡也鮮少或從未談論金錢，你就是在「焦慮的課堂」長大。有個朋友分享，他如何瞭解到金錢對他的父母不愉快也不輕鬆。他小時候每週和媽媽去採買雜貨，她每次都買過期一天的麵包，他從未多想，直到他某天和朋友母子一起逛商店。他看到朋友的媽媽拿出幾條麵包，檢查過後才選定。他好奇詢問，阿姨說她是看保鮮期，要找最新鮮的麵包。

朋友下次和自己媽媽去採買，他建議媽媽找最新鮮的麵包，媽媽回絕。她說：「過期的麵包只要半價，而且我們很快就吃完。我們省下的每一分錢都能幫助我們月底支付所有帳單。」

媽媽沒再多說，但她的話就像一頓重的磚頭般擊中他。他那個年齡甚至搞不懂什麼是「帳單」，但他可以輕鬆讀懂媽媽排隊結帳時的表情。她焦急地看著每一筆消費，屏住呼吸等待收銀員宣布總金額，然後小心翼翼地算出精確數字，一分都不差。有時她甚至會扣留某些商品，最後選擇不買，因為她的錢不夠。這對我朋友來說是「重大時刻」。他瞭解金錢會帶來莫大壓力，而且每一分錢都很重要。

如果你在「焦慮的課堂」長大，你可能是觀察到父母的消費習慣，而不是聽到他們討論。你可能感受到緊繃氣氛，而不是聽到他們爭論。你在成長過程中，可能不覺得有提問的自由。生活在這種類別之下的辛苦不僅是缺乏資訊，而是因為家裡高張的情緒——無論是平常或涉及金錢時。

●第一象限的考驗：焦慮的課堂

無論你在哪個象限長大，都有需要克服的考驗。我們看看在「焦慮的課堂」成長的最大考驗。

金錢的話題。你可能會發現，敞開心房談論財務狀況或你對金錢的感受是種考驗。你的配偶（或任何人）是否知道你對收支相抵有多大的壓力？你是否向任何人表達過你的恐懼，或你為退休生活的準備是否足夠？剛開始時，學著熬過健康的理財對話可能很困難，但我要請你開始討論金錢，即使你覺得不自在。人非聖賢，不可能永遠不犯錯——但是無所謂！硬著頭皮做，就和你最信任的朋友一起討論你的金錢觀。

你可以先讓配偶或家人知道你不習慣談論錢。有時只是說出這一點，就能開啟良性對話。但你要更進一步談談你爲什麼難以啟齒，然後分享你希望更自在、更坦率地談論金錢的願望。你甚至可以問伴侶，是否有任何建議可以改善金錢方面的溝通。一開始一定不自在，但你越常談論金錢，就越容易。如果你單身，找個家人或好友討論。瞭解你的好朋友會幫你誠實看待你的狀況，也會對於如何達到目標有新見解。如果這些溝通公開又誠實，對你的人生、婚姻，甚至你的孩子都有好處。

恐懼。恐懼是強大的情緒，會阻擋你做最重要的事情。你有沒有注意到，不討論問題，恐懼反而會加劇？那個問題感覺越來越大，越來越恐怖，比實際情況更糟糕，我們將在後面用一整章的篇幅討論恐懼。在「焦慮的課堂」長大的人必須面對金錢匱乏帶來的恐懼，找出恐懼的具體原因，並且為每個月的理財制定詳細策略，這麼一來就能幫助你消弭恐懼，因為你已經移除未知因素。這個計畫就是預算，就把它當成路線圖。特地寫下你希望金錢分配到哪裡，而且要盡可能地詳細！一旦制定預算，你就知道每一塊錢能花到哪裡，不能用在哪裡，也會指引你需要滿懷信心邁進的方向。

感恩。想到小時候成長的家庭，重要的是要感恩你的父母或養育你的人。無論在哪個類別長大，這個道理都適用，因為沒有人是完人。對多數人來說，錢都是棘手話題。有些父母因為承受壓力，已經沒有餘裕討論理財。有些父母則是不知道如何妥善處理。大部分的家長在當時所知範圍內盡了最大努力。我給你的目標不是要你幫父母找藉口，而是認識並且面對事實。為過去的錯誤理財怨恨任何人，只對你有害。對你而言，克服挫折、處理傷害很重要，最終的目標則是原諒他們。

如果你很難心懷感恩，我想請你想想父母的童年。當我與「焦慮的課堂」長大的人討論時，我發現他們的父母若沒有公開討論金錢，他們的祖父母很可能也不溝通理財事宜（或其他生活話題）。你的父母如何長大？財務狀況是不是很拮据？他們可以談論金錢這種禁忌話題嗎？他們對金錢有什麼信念？也許他們沒有需要的工具可以明智理財。他們可能在童年受到莫大傷害，以至於他們變本加厲地背道而馳。也許他們自認是保護你。無論如何，切記：我們不是為了說你父母壞話，或幫他們找藉口粉飾太平，而是找出真相，向他們表示感恩。

第二象限：不穩定的課堂

情緒緊張，公開討論

在「不穩定的課堂」成長的人通常能立即辨識自己的類別，因為他們曾眼見、耳聞。錢在這些家庭是衝突的根源，父母彼此爭執，與孩子吵架，與其他家庭成員口角，有時甚至與陌生人都起衝突。他們可能公開吵或私下吵，但家裡的情緒緊繃，甚至隨時會引爆。

也許你的父母在人生某個階段爭執該如何處理金錢，也許焦慮和壓力是常態，這個象限的人常常反覆聽到同樣的爭論。如果這些財務問題始終沒解決，或兩人無法達成協議，家裡的氣氛會越來越緊張，導致夫婦決定分道揚鑣。可悲的是，金錢方面的爭執是當今美國離婚的主要原因之一⑤。無論是父母的婚姻或你的婚姻，你對真相都心知肚明。

在「不穩定的課堂」長大，你經常感受到極度負面的情緒。你常覺得害怕、焦慮、得不到愛，因為你經常從父母那裡聽到「不行」（通常是暴躁的回答）。但也不限於負面情緒。你的成長過程可能就像雲霄飛車，因為家裡的氣氛會出乎意料地在負面和正面兩極之間擺動。往往導致你覺得不穩定，甚至混亂。

⑤作者註：藍西顧問公司就美國家庭的財務狀況所撰的〈金錢、婚姻和溝通〉，二〇一七年二月七日。

在這個類別長大的朋友記得，她從來不知道對父母提出要求時，對方會有什麼反應。她常聽到「不行」，而且爸媽偶爾嚴厲的快速回應導致她困惑。財務方面常有高壓，以致從買某種麥片、到和朋友相約看電影等各種要求，都可能聽到平靜的「當然」或憤怒的「不行！」，她永遠無從預料。

媽媽有時候會在店裡說買不起有品牌的牙膏，幾天後她爸爸又說：「我們去購物吧！我們拿到退稅支票了！我們拿到退稅支票了！」然後他們就會去商場大肆採購，或者在超市買滿三車的食物，包括上次不准買的麥片。她的父母反反覆覆，她無法預料他們的反應。她覺得，那種生活就像頸部在車禍中嚴重扭傷，那就是她的「重大時刻」。如今長大，她回顧過去，知道爸媽每個月繳帳單都很辛苦，因為他們沒有計畫，也沒有理財概念。（這是她的說法，不是我。）

最近我和爸媽聊起童年的理財課堂。我自覺在「有安全感的課堂」長大。雖然不盡完美，但很健康。說來有意思，我對爸媽這麼說時，他們只是相視而笑。我問他們為什麼有這種反應，爸爸說：「妳只記得我們破產五年之後的記憶。其實有很多年都是『不穩定的課堂』，只不過妳不記得了。」

我們都笑得很開心，因為藍西夫婦自稱鄉巴佬。在語言溝通方面，我們肯定屬於「開放」的那端，而且非常會吵架。我們一家人齊聚一堂時，至少同時進行三場激烈辯論，內容可能正經如神學，也可能瑣碎到什麼溫度最能把豬屁股燻得最完美。（多年來，谷歌一直是我們的救星，我們透過快速搜尋正確答案結束許多場激辯！）

我只能想像爸媽在那些不穩定歲月中的感受。令人驚訝的是，我問姊姊是否記得孩提時期的「不穩定課堂」，她也不記得。這對身為父母的我們而言是好消息。學習、成長、改變，為你的家創造嶄新開始絕對不是不可能！

在「不穩定的課堂」成長有個好處，你的父母至少願意溝通金錢方面的問題，即使方式不太健康。當我們公開討論某件事情時，氣氛即使劍拔弩張，也可能改變。公然反對代表願意溝通，這是很棒的才能，因為你無法解決你不明就裡的問題。

●第二象限的考驗：不穩定的課堂

預期一定有爭執。如果你在這種課堂長大，可能面臨的難關就是預期討論金錢就會導致情緒起伏，你可能會發現自己提心吊膽，甚至預料會有痛苦的衝突。如果你單身，你會認定（或害怕）金錢永遠是婚姻的棘手話題，沒有所謂的理性爭執。如果你已婚，你可能沒把握自己能和另一半協商理財方式。請記住，只要你能與人開誠布公，就可以處理、解決這個問題。你需要的是派得上用場的新技能：談論金錢的新方法（這本書是一個好開始），為金錢制定計畫（「循序漸進法」很有效！），以及如何與他人進行理性爭執（眞的有可能）。你成長期間沒有穩定的財務生活，不表示這種生活就會天長地久。你可以學著以健康、平靜的方式處理金錢和衝突。

無動於衷。在「不穩定的課堂」長大，導致某些人對理財的溝通交流感到無動於衷，甚至對金錢本身也愛理不理。因為你在高壓力和火爆環境中長大，你可能決定投降放棄。你發現自己說：「努力又有什麼用？我們最後一定會吵架，永遠不可能改善。」又或者你認定金錢不值得你緊張，你決定把頭埋進沙裡，當隻鴕鳥。如果你已婚，也許會對伴侶說，「我不在乎，你想這麼做就做吧。」無論你有沒有意識到，你已經認定說出想法會導致衝突，對你而言，爭執之後的痛苦沒有意義。請聽我說：不要滿足於現狀！不要放棄，你有值得追求的目標。你有值得過下去的人生，不僅是活著就好。但你必須親身投入，好好學習如何控制你的錢，並且付出努力。

第3章 平靜的理財課堂

接下來說明情緒平靜的象限：「無知無覺」（情緒平靜，絕口不提）和「有安全感」（情緒平靜，公開討論）。如果你在第一或第二象限沒看到類似的童年經歷，你可能就屬於第三或第四象限。

第三象限：無知無覺的課堂

情緒平靜，絕口不提

如果你在「無知無覺的課堂」長大，可能不擔心錢的問題。事實上，你恐怕連想都沒想過。有人說無知是一種幸福，也許在某些方面說得通，但涉及金錢時，絕不適用。要做出睿智的理財決定，必須瞭解全盤狀況，好的、壞的、醜陋的都要清楚。希望各位都點頭同意，但如果你在「無知無覺的課堂」長大，可能不知道該從哪裡看起。

在沒人談論金錢的家庭長大很普遍，不同於來自「焦慮的課堂」的人，這個類別的人覺得生活美好，一切都沒有問題。你不知道父母的財務狀況，也不必擔心。也許你的家庭很富裕，只是不在孩子面前談錢。或者你的父母入不敷出，表面看來卻不操煩（也許他們真的不擔心）。總之孩子都不知道錢如何運作，你可能認為錢永遠夠花，或你不需要操心錢。

有些父母創造這類型的理財課堂，因為他們不希望孩子擔心。他們不想把成人的壓力或責任放在孩子身上，個人財務就是個人私事，而且由大人處理。他們的保護動機良善，即使他們的孩子可能因此一竅不通。雖然父母應該以適齡方式與孩子分享理財原則，但這類家長往往什麼都不說，或是幾乎絕口不提。

某些家庭落入這個象限是因為父母之間的互動。也許父母中的一方賺得來不及花，另一方卻保持沉默，維持和平。或是其中一方完全掌管經濟大權，另一方卻完全不知道他們已經負債。家裡氣氛平和，因為沒有關於金錢的公開衝突，其實卻是捉襟見肘。

這種環境讓我聯想到沒有船長的遊艇。每個人都玩得盡興，愜意欣賞落日，卻沒有人知道船開向何方。群龍無首，也沒有人想負責。為什麼要開口提問破壞和平？為什麼要指手畫腳？反正大家都開心，我們就繼續享受美好時光。船雖然越漂越遠，但是沒有人在乎。

後來船上有人想瞭解船要開去哪裡。物資足夠嗎？暴風雨來襲時，誰負責掌舵？食物呢？每個人都假設有人照管，但從來沒有人談論這個問題。同樣地，你的爸媽可能談過理財問題，只是你從來沒聽過。或者一方認為伴侶已經掌控狀況，也從來不討論。

有個朋友描述她的童年「幸福美滿」。父母不溺愛她，但她從不覺得自己匱乏。家裡應有盡有，她一定有生日禮物，聖誕樹下也有禮物，一家人總會去度假，她以為萬事美好。後來自己成家有孩子，她開始拼湊所有資訊。事實證明，她的爸媽並不寬裕。他們的退休存款極少，還有大筆信用卡債務。最近她的媽媽告訴她，她總是用信用卡支付聖誕節開支，她的爸爸卻不知道她債台高築。明白這一點之後，父母財務健全的畫面頓時崩裂，對她而言是艱難的「重大時刻」。

面對父母的弱點令人不安，任何人都會覺得為難。但我為朋友最近與父母的對話感到驕傲，她鼓勵他們控制財務，可能催化她父母改變經濟狀況。

●第三象限的考驗：無知無覺的課堂

感覺遭到背叛。在第三象限長大，你可能覺得遭到背叛，因為爸媽沒有教你如何理財。或者你像我的朋友一樣，徹底誤會父母財務狀況平靜、牢靠。也許你的父母對你隱瞞真相，事實卻讓你質疑他們的教導。你覺得憤怒、難過很正常，也許還需要找專業諮商師克服某些問題。

我有個同事就在「無知無覺的課堂」長大，成年後，她問父母為什麼很少與她討論理財。她的父親想了一會兒，靜靜地回答：「我對妳提起金錢的次數遠多過我的父親，我以為我說得夠多了。」你聽得出這句話的誠意嗎？他真心相信他已經為女兒盡力。我不是為過去的錯誤開脫，但我希望你聽聽父母的觀點。我自己身為母親，對家長很有同理心。我絕對不完美，但我真的盡力為孩子做最好的打算。即使最後功虧一簣，明白父母竭盡心力有其價值。這個認知無法撥亂反正，但有助於緩解你承受劇痛。

適當調整責任感。你發現爸媽有財務問題，往往第一時間就想幫忙。你想幫他們付貸款，免得他們失去房子，或償還汽車貸款，免得他們沒車可開。你也可能想立刻出手，告訴他們此刻該做哪些事情。如果你面對這種狀況，我希望你深呼吸，問問自己，身為成年子女，你該扮演什麼角色。金援他們是你的責任嗎？代替他們償還債務、阻止債權人緊迫盯人呢？幫助他們理財，請他們負起責任是你的任務嗎？我們將在底下章節詳細討論這個問題，但答案是否定。**即使是你深愛的人，對方的財務健康不是你的責任**。沒錯，你希望他們幸福快樂，他們的財務狀況確實會在某個階段對你產生某種程度的影響。（所以你和父母開誠布公談談很重要，這些對話甚至可能帶來改變！）但是，你必須知道，你不能為他們的行為負責。

負責任的行爲。在這種課堂長大，你面臨的另一個考驗是全然的無知。這不代表你不能控制自己的財務，而是你不知道自己不明白哪些事情。你可能從未關心自己的財務狀況，如果你從沒學過妥善規劃預算，不可能天生就知道這一點的重要性，也不知道規劃預算如何幫助你達到目標。不要為你不知道的事情感到自責，只要從今開始循序漸進學會理財。

如果在這種環境長大，你可能還會習慣徹底迴避理財。就像小朋友閉上眼睛，把手指塞進耳朵，就是不願意多想。你可能會花錢，卻不考慮任何後果。如果你已婚，可能想把理財任務都丟給伴侶，但是這種生活方式很危險，理由眾多。

如果你就是這樣，我必須暫時對你嚴加管教：不可以再忽視自己的金錢；花錢之後希望一切安好絕對行不通。為了改變財務狀況，你必須願意面對預算。如果你沒有預算，今天就要著手規劃。無論你從哪裡著手，我會在第14章列出我最喜愛在哪裡尋找簡單又實用的理財方式。起初做出改變可能令你不自在——因為改變很困難——但一切辛苦都值得！你的錢和你的人生都會因此感謝你！

面對衝突。如果你童年家庭生活避免衝突，任何類型的爭執都可能讓你感到非常不舒服，很難主動與他人進行費力的溝通。你和配偶討論你不認同的消費時，可能更希望維持和諧。如果你覺得朋友利用你的慷慨，你可能選擇保持沉默。聽我說，少有人喜歡為衝突而衝突。但是為了成長，為了最大程度地顧及你的財務狀況，這些不舒服的溝通有其必要。

如果你面對的是恐怖情人，你們可能不適合談論棘手的話題（除非有第三方在場，如調解員或諮商師），否則你必須知道，你可以談論為難的事情，不自在也沒關係。事實上，捍衛自己的權益是好事，也有必要。劃定界限才健康，你不會因此成為壞人。一輩子隨波逐流，從來不為自己挺身而出，不爭取自己的權益才糟糕。

實施透明化。如果你的原生家庭從不討論金錢，你可能不知道該如何與孩子談論這個話題。你又該如何做好育兒的這一環？你應該分享什麼？應該分享多少資訊，何時分享？有個好消息可以減輕你的壓力：以身作則很重要。當你控制並持續控制財務狀況時，多年下來，你會有很多機會示範良好的理財習慣。利用這些機會公開談論你們家為何做出某些理財選擇，只要記得考慮孩子年齡即可。

第四象限：有安全感的課堂

情緒平靜，公開討論

第四象限的「有安全感的課堂」是理想的理財環境。情緒平靜和公開討論不見得完美，但反映出家長執行健全的理財習慣，孩子們感到最安全、最牢靠。金錢不會造成壓力，因為父母知道如何妥善管理、控制。如果你在這種課堂，家長經常公開談論金錢，家裡時常平靜地討論財務決策。也許你見過他們商量規劃預算，或看到他們晚上開會討論。這些會議不見得輕鬆愉快，但是頗具成效。父母彼此尊重，兩人可以溝通，而且有共識。他們甚至可能讓你參與某些預算決策，或要求你共同討論。

請容我釐清，你的父母不一定要很富裕才能創造「有安全感的課堂」。他們手頭也許不特別闊綽，但他們妥善管理自己的資產。我有個大學朋友記得她的童年就如同上述，她的父母經常拒絕她，但不是因為入不敷出，而是出於紀律和良好的判斷。他們有意還清債務，也要子女一起參與這個過程。他們共同慶祝一家人同心協力取得的進展。她高中畢業時，父母已經存夠錢支付她的大學學費，甚至幫她建立小型共同基金。他們的房子並不奢華，也沒開名車，但所有財物確切屬於他們自己。她看著他們制定預算，堅持執行；她學到，只要有計畫，你就能妥善理財。

「重大時刻」是她大一那年搬進宿舍的那一天，她很興奮即將見到室友。那天天氣很熱，幾百個人帶著箱子、枕頭和成堆的衣服在走廊穿梭，氣氛很緊繃。她和室友自我介紹之後，室友的爸媽開始邊拆箱子邊討論錢。房裡的氣氛幾乎瞬間從興奮變成焦慮。

她無法忍住不聽，這對夫妻的談話也越來越火爆。他們公開辱罵對方，為該花多少錢買寢室窗簾而爭吵。最後爭執沒有結果，室友的媽媽逕自走出去。她爸爸把信用卡遞給室友說：「來，拿著。我看到帳單才會擔心，不要告訴妳媽。」僅僅三分鐘，我的朋友意識到她的成長過程有多麼不同——她很慶幸自己在「有安全感的課堂」長大。

● 第四象限的考驗：有安全感的課堂

低估背後的辛苦。現在我們知道擁有理財力的父母非常重要，但這並不表示你也會自動擅長理財，你自己也得付出努力。在這個環境長大不代表你就會自動擁有健康理財態度。你可能沒看到父母每一次討論理財，也不清楚他們為了控制財務所做的犧牲。你可能沒聽說父親真正想要的車，只知道他用現金買了一輛可靠的二手廂型車。你不知道媽媽那年夏天真正想要的假期，只知道你小學那次全家去露營，你玩得很開心。

在這個課堂長大，你不知道父母每次對他們不得不放棄的事情有多痛苦，又需要多大的自制力。要創造這個環境養育子女，他們很辛苦，也做出莫大犧牲。現在換你為自己的家庭付出，但是你必須像父母一樣自律和專注，才能妥善理財。

自覺有特殊待遇。你不能以為自己不需要付出努力，同樣地，也不能期望你可以自動擁有與父母一樣的生活水準。電台主持人賴瑞・伯克特（Larry Burkett）說過，夫妻剛結婚的五到七年，都在致力於達到和父母同樣的生活水平，然而上一輩可是花了三十五年才達到這個境界⑥。無論你在哪種課堂長大，這都是通則。如果你畢業於「有安全感的課堂」，請記住，父母竭盡努力才取得今天的成就，你當然也得花時間才能達到目標。不切實際的期望可能帶來難以置信的傷害。你不能覺得凡事都是理所當然，或等著別人施捨。你得準備努力工作，克制某些消費欲望。這麼做才能理財，建立穩固的財務未來。

在四個象限中移動

回想童年和學到的金錢知識時，請記住，你和我一樣，象限可能有變化。原因眾多，也許家庭的收入水準改變，或者家長離婚或結婚。或是他們去了財務安定學習中心⑦，學會如何規劃預算、擺脫債務。如果你孩提時期的理財課堂發生變化，你得想清楚每個象限對你的影響。你也會發現，與父母聊聊當初的生活很有幫助，可能還會感到意外。

⑥ 作者註：《大衛．藍西的財富完整指南》（Dave Ramsey's Complete Guide to Money）第七十八頁，作者為大衛．藍西，二〇一二年由田納西州富蘭克林的藍西出版社（Ramsey Press）所出版。

⑦ 大衛．藍西在當地教會創立的學習中心。

童年不能限定你

透過這四種課堂，你開始理解自己的理財方式，以及面臨的挑戰，你也因此深入瞭解最親近的人。但是這些課堂做不到什麼呢？就是不能限定你。

全球學者暨思想領袖馬克斯・巴金漢說：「童年不是鍛鍊你，就是阻撓你，但不會創造你。⑧」童年可能讓你一開始比較不順利，但不致決定你成王敗寇。無論你在哪種家庭長大，從今以後可以自己選擇象限。童年是否影響我們，塑造我們？當然會。但是我們試著讓幾百萬個家庭轉移到「有安全感的課堂」，我希望你也能做到。財務狀況最差的家庭決定換個方法，他們改變了自己的人生，你也可以。

⑧二〇一九年與作者在電話中的交談內容。

輪到你了

我在每一節最後設計一系列名為「輪到你了」的問題，幫助你釐清本章的內容、又該如何運用。我知道有些人會想跳過這個部分，但我鼓勵你讀完每個問題，花點時間寫下答案。在這本書的最後，我們會回頭看看你的答案，把你的見解付諸執行。

1. 你是在哪種理財課堂長大？你怎麼知道？
2. 寫下你的「重大時刻」，以及你因此在理財方面學會什麼。
3. 如果你已婚，和伴侶談談不同的象限，看看他們在哪個象限長大。討論你們理財課堂的異同，以及它們如何影響你們今時今日的理財選擇和婚姻關係。

4. 如果自己的財務尚未落入「有安全感的課堂」，你應該採取哪些不同做法達到這個目的？你是否認識目前已經屬於這個類別的人？如果有，請他們解釋如何理財。

5. 想像你屬於「有安全感的課堂」。你處理某些理財問題時若能公開討論、心情平靜，請寫下當時的想法和情緒。創造「有安全感的課堂」是個過程，沒那麼快達到目標時，請勿灰心！

第4章 你獨特的理財習性

我們在科羅拉多州鳳頭小山鎮（Crested Butte）寒夜中行走時，腳下積雪嘎吱作響。如果你沒去過鳳頭小山鎮，就想像最奇幻、最迷人的滑雪勝地。我們去那裡過一年一度的家庭假期，那晚我們走在商店和餐館林立的街道上，一行七人談笑風生。樹上都掛滿聖誕燈，風景如畫，就像走進聖誕電影的場景。

我們很快就走到餐廳。這晚要吃壽司——我們家最愛的料理——我們興致高昂，因為大家對這裡讚不絕口。進門之後得走下一段樓梯，進入地下室。走完階梯，穿過門口，我們就像到了日本。店裡很熱鬧，擠滿了人。帶位的小姐安排我們坐在角落卡座，裡面有張大圓桌，所以七個成人可以坐在一起。我們脫下外套坐好，我認為這晚一定很開心。

所有人開始安靜地看菜單，努力縮小無窮無盡的選擇範圍。然後爸爸說，「大家點壽司卷一起吃吧！」我們都附和，他便調查了一下民意，問我們最喜歡的口味，我們大聲說出不同想法。服務生來了之後，爸爸點的壽司卷比我們七人的食量還要多。服務員寫下我們漫長的點單後，媽媽向她招手。我聽不清她們說什麼，但媽媽指著菜單，服務生點頭寫下。她離開時，我問媽媽交代了什麼。至今想到她的回答，我依然發笑。她說，「我點了自己的鮭魚卷。」我們茫然地看著她。

「媽！我們點的食物都夠餵飽一個小國家了！就算不夠吃，可以隨時再點！」但是她已經下定決心。「我想吃鮭魚卷。你們總是先吃那些口味，我又不想吃其他壽司卷，所以我自己點一份。」

桌子一片靜默，媽媽從頭到尾保持微笑。她要幫自己點一份，而且大家都不許吃。

我們到今天還拿鮭魚卷取笑她。現在回想，我想起每個人看待生活的方式都不一樣。我們各有自己的特質，雖然不會多想，但這些特質會影響我們的理財決定。我們都曾和朋友出去用餐，付帳時，有些人樂於平分帳單，有些人卻心驚膽跳，因為他們只想付自己那份，有時氣氛還有點尷尬。其實每個人分帳的做法不同都無所謂，因為我們個性不一樣。我媽媽想吃自己的壽司就是典型相對於富足心態的匱乏心態（我們很快就會討論到這種理財習性）。兩者沒有對錯，只是看待世界的方式不同。

與成千上萬的人談過之後，我發現我們都有七種主要的理財習性。我們將在本章一一說明，以便讓你更瞭解自己獨特的消費（或不消費）方式。這七種理財習性是：

1. 存錢型或花錢型
2. 按部就班型或自由奔放型
3. 注重體驗或注重物質
4. 注重品質或注重數量
5. 安全感或身分地位
6. 富足心態或匱乏心態
7. 有計畫地捐獻或想捐就捐

請記住，這些習性是針對我們如何理財，我的陳述方式是非此即彼，但請勿過度解讀，你可能介於兩者之間。這只是個量表，你天生有某種思考、行為模式，雖然這些習性沒有對錯之分，但確實有影響。瞭解這些習性如何左右你，有助於你在財務方面進步得更快。

當你思考自己在每個量表的落點時，也想想最親密的人，想想他們的個性。如果你已婚，更要密切注意，俗語說「異性相吸」可能很有道理。如果你發現自己在天平的一邊，伴侶很可能在另一端。你可能會很驚訝，做好準備嘍！在本章最後，你有機會寫下自己和最親密的人的習性。

習性一：存錢型或花錢型

先從簡單的入手，首先討論的主要理財習性是存錢型或花錢型。想像有人給你一百美元，你的第一反應是拿這筆錢做什麼？我問的是直覺反應。有時我們成年人會因為理財經歷而有複雜的反應。就這個量表而言，想想你的本能反應，想想小時候會怎麼做可能有幫助。

存錢型←→花錢型

如果你是存錢型，直覺就是把一百美元存起來，存錢型喜歡儲蓄。鄰居有個十歲的孩子說她存了兩百美元，「以備不時之需。」我笑了，因為這正好證明存錢型很小就表現出這種習性。對他們來說，存錢很自然。為未來存錢不是重大犧牲，反而給他們安全感。他們有耐心，願意等待。有些存錢型和花錢型一樣，他們喜歡找到好交易、使用優惠券，但心裡始終想著要為將來存錢。

對於天生的花錢型而言，光想到一百美元的饋贈，就能天馬行空想到那筆錢能買些什麼。還記得那句俗話「口袋裡的錢會咬人」嗎？這就是花錢型的心情，他們總是迫不及待地想花掉多餘的錢。花錢很容易。但是存錢呢？不見得。花錢型有時會因此得到負面評價，我懂，因為我自己就是花錢型！我們可能會被貼上「不負責任」的標籤，但也不能一概而論。花錢的欲望不等於缺乏責任感或缺乏自制力，花錢型也可能很自律。我喜歡花錢，不以此為恥，但我也很會規劃預算，兩者並不相斥。

對花錢型和存錢型而言，做過頭最危險，這一點適用於我們討論的每種量表。如果花錢型花光賺來的所有錢，就會破產。如果存錢型存起每一分錢，就會錯過人生值得經歷的體驗。仔細想想，這一點顯而易見，重點就是我們需要仔細想過。

瞭解我們理財方法背後的原因，有時簡單到只要認知自己的習性，略微調整日常生活的選擇。舉例說明：我是花錢型，喜歡吃披薩。最近我在網上訂披薩，不假思索就選了好幾種當下覺得還不錯的披薩。當我點擊「結帳」時，總額是五十美元多一點，還不包括給外送人員的小費！

我真的喜歡披薩，但我當晚並不想花這麼多錢張羅我們兩夫妻的晚餐。所以我沒漫不經心地點擊「下訂」，而是回到購物車刪除某些選擇，將總額減半。這個小小選擇花不到三十秒，我們就省下二十五美元。考慮自己在這些量表的落點時，請記住：有時只需要明白自己的習性，就能做出不同選擇，假以時日就能積沙成塔。

習性二：按部就班型或自由奔放型

我父親多年前為了描述兩種不同的規劃預算風格，創造了「按部就班或自由奔放」的說法。這句話很有趣，而且百分之百精確，很快就成為我們的日常詞彙。我在這裡用這句話描述人們概括的理財態度，不僅止於規劃預算。

你一定會發現自己與其中一個比較有共鳴，因為兩者南轅北轍。

按部就班型←→自由奔放型

我對大型團體演講時，經常要求大家舉手，問誰按部就班，誰又自由奔放。聽眾的反應每次都很明顯。按部就班型會確切地舉起手，會心地點點頭。但是當我問誰是自由奔放型時，他們會歡呼大叫，有時還會跳波浪舞！這一刻我總是覺得很有意思，你絕對不會搞混這兩種人。

好吧，按部就班型，我們就先從你說起。如果你閱讀任何新產品說明書，就知道自己是按部就班型。你很看重準時，抽屜裡的襪子一定摺得整整齊齊，會讀完書裡的前言，會在可怕的四月十五日截止之前提早準備好報稅單。這些按部就班的行為不只出現在日常生活當中，也界定了你的財務狀況。你喜歡對自己的每分錢清清楚楚，喜歡所有事情有條不紊。按部就班型多半天生懂得主動編制預算，掌握所有金錢流向。

如果你還沒有預算，那麼這種規劃對你很有吸引力。按部就班型在理財方面可以迅速取得極大進展，因為他們制定計畫後就喜歡照本宣科。他們精確恪守發財致富的各種事項，非常重視細節和大小決策。

就像存錢型VS.花錢型的量表，按部就班的人也要注意，別走向不健康的極端。請注意，不要過分拘泥小節。有時你無論如何都要照規矩，到頭來會累死自己和一家子。有時碰上理財疏失（絕對會發生！），按部就班型可能會失去風度。他們可能苛責自己、配偶或家人。一般人會覺得按部就班型拘謹焦慮（乾笑）。如果事情不照計畫進行，他們可能會大失所望。我愛按部就班型！我的丈夫溫斯頓就是這種人，我很欣賞他注意細節，總是清楚掌握狀況。按部就班型，你們很棒。

好了，自由奔放型，輪到你了。如果你把說明書當杯墊用，就知道自己屬於**自由奔放型**。除非你真的碰到難題，無法自己解決，否則你絕對不看說明書。你努力做到準時，有時技術性遲到也還混得過去。你的衣櫃不是太有條理，肯定直接跳過這本書的前言，畢竟直接切入正題不是更好？慢著，納稅日是什麼時候？如果這就是你，你可能就是自由奔放型。

談到錢時，自由奔放型往往說，「一切都會好轉。總會化險為夷！」你的心態就是「好好享受人生吧」。光是讀到前面敘述按部就班型時提到的預算，你就快發蕁麻疹了。想到理財要注意細節、有所節制，你就覺得無聊，綁手綁腳。你可以照辦，但不愛做。聽著，我是自由奔放型，我懂！請聽我娓娓道來：我們知道如何享受人生，沒有太多事情能讓我們覺得壓力山大，這種看法可能非常有幫助。我們每天都帶著無憂無慮的興奮心情過日子，所以才有其他人無法得到的經歷。也許這種收穫不能納入試算表，卻有重要價值。此外，我們可以輕易地看到預算這類事情背後的遠景，記住我們做預算的初衷。

但是如果不小心，我們自由奔放型也會陷入病態的極端。我們可能太馬虎，自由奔放型不太容易注意到細節，所以可能會錯過截止日期和重要資訊——這種行為得付出高昂的代價。我先前拿納稅日開玩笑，但如果搞不清楚狀況，錯過這一天，可能要繳付數千美元的罰款。我們可能忽略關鍵大事，例如買壽險和立遺囑。我們可能錯過帳單到期日，甚至沒意識到我們搞出一團亂。如果我們不留意財務，幾年後可能納悶錢都到哪兒去了。

我們要先澄清關於按部就班型和自由奔放型的誤解。很多人以為按部就班型都是存錢型，自由奔放型都是花錢型，非也。你可能是愛花錢的按部就班型，也可能是愛存錢的自由奔放型。沒錯，溫斯頓是按部就班的存錢型，我是自由奔放的花錢型，我的父母卻恰恰相反。大家絕對料不到，我媽是自由奔放的存錢型，我爸則是按部就班的花錢型。驚訝吧！你可能是規劃預算高手，花起錢來卻不眨眼。或者你不甘願制定預算，卻能輕鬆守住現金。因此，你在兩方面都要仔細想過，找出自己屬於哪一種。

習性三：體驗型或物質型

接下來要探討的理財習性是你喜歡買什麼：體驗或物質。為了好玩，我就拿幾年前溫斯頓和我最愛的聖誕禮物來比較。不說笑，他當時想要成人尺寸的滑板車。四歲的女兒艾米莉亞騎著粉紅滑板車到處跑時，他就能跟在旁邊。他寫到清單上時，我捧腹大笑。等他在聖誕節打開禮物時，全家都笑了。我騎過之後就懂了，其實這個禮物超棒！所以我不再討厭騎他的滑板車。

你覺得我最愛的禮物是什麼？是我最喜歡的體療中心的禮卡。我很開心，因為我熱愛體驗，迫不及待地想透過舒緩的按摩來減壓。如果我有多餘的錢可花，我會用來和朋友聚餐、看電影或旅遊。我重視體驗，而溫斯頓重視有形的物質。

體驗型 ↔ 物質型

這種量表兩端的人不一定能理解對方。溫斯頓不花錢買體驗，他嘲笑我為一小時的按摩花那麼多錢，他認為同樣金額可以買一雙我能穿上許多年的好鞋。如果你看重物質，絕對認同這個說法。但身為「體驗型的人」，我注重回憶更勝於具體的物質。溫斯頓花錢買新的露營用品、耳機或小工具。這些東西對我不見得有意義，但他購買那些物品讓他的生活更便利，因此更開心。兩種偏好不分好壞。

如果你已婚，應該好好談談這件事。問問配偶，他們喜歡體驗或物質。溫斯頓和我以前曾經有許多年未曾談論這個問題，我不擔心會引起爭執，只是不明白他為何不肯花錢上好餐廳。釐清這一點之後，我們更能妥善規劃預算和溝通。想想你喜歡怎麼樣花費額外的錢，喜歡體驗或具體物質？

習性四：品質或數量

下一個需要討論的理財習性是品質或數量。你願意擁有一件用上許多年的高品質物品，或是花錢買幾個品質較差的單品增加選擇？有些人喜歡花錢買高品質的商品，有些人喜歡以量取勝。

品質 ↔ 數量

舉例來說，假設高品質的鞋子要價一百美元。你會買一雙，還是買兩雙五十元的鞋，甚至五雙二十元的鞋？如果你是體驗型，回想一下一百元禮物的例子。你想用這筆錢買一次一百美元的冒險，或是付款體驗好幾個活動？

如果你傾向於品質，你想要比較耐用的商品，你會開開心心地存錢買更好的產品，換得更持久的價值。你也比較愛物惜物，因為這些東西有高品質。我發現，品質型在購物前會事先研究、計畫。注重品質的消費者不太會衝動購物。

如果購買昂貴商品就只為了讓人刮目相看，或者透過物質得到優越感，那麼注重品質就是到了病態的程度。你可能因為習慣使然，陷入只買「極品」的模式。例如你只買一個品牌的昂貴化妝品，其實其他較便宜的選擇可能也適合你，你卻從不考慮。我鼓勵你好好斟酌每一筆消費，捫心自問是否必要、能不能找到你也會喜歡的較低價選項。你找到的東西可能會讓你很驚喜，還能幫你省錢，更快達到目標。

如果你重視數量，可能會喜歡多種選擇帶來的創造力和可能性。你喜歡有十個選擇，而不是一而再、再而三地用同一件東西。數量型往往擅長找到划算的商品，他們也以此自豪。如果這種習性太過偏激，數量型消費者可能會發現，買了很多東西，或是進行一筆交易，就能得到「快感」。這種快感會漸漸消失，錢卻已經花掉。

就我本人而言，這些年來，我已經改變。年輕時，我絕對以量取勝。我帶三十美元去逛街，回家多了十件不同的東西！我喜歡購物，喜歡買很多不一樣的商品。現在，我落在數量和品質量表的中間位置。

我發現自己在特定方面，更注重數量而不是品質。例如配飾，我有幾件優質又有感情價值的珠寶，但多數配件是二十美元以下的別緻耳環和誇張項鍊。就算過時，丟掉也沒有罪惡感。在其他方面，我看重品質而不是數量。以皮包為例。我發現自己會把東西用得很舊，而且裡面總有金魚餅乾碎屑（多虧我的孩子！）——所以我更想找耐用的皮包。我不需要也不想要十個不同的包包，對我來說，皮包更像是投資，數量不重要。我反而願意花更多錢買高品質的皮件。

我最近參加「極簡主義者」（The Minimalists）約書亞・菲爾茲・密爾本和萊恩・尼克迪穆的三十天極簡遊戲，所以我越來越趨向數量與品質量表的中間刻度。這個遊戲是照日曆上的日期數字送人、扔掉或出售同樣數字的物品。如果今天是三月十日，你就要在當天午夜前送出、賣掉或扔掉十件物品。這個挑戰是連續執行一個月。

我不得不說，這個挑戰真是不可思議，我清除了五百多件物品！原來我們家有很多一家人用不到或不需要的東西，包括衣服、飾品、儲藏室裡的食物、櫃子裡的小東西、孩子遊戲室裡的玩具。我發現，家裡的雜物越少，生活就越平順。我不再站在衣櫥前翻過一堆衣架，因為現在衣服少多了。現在我浪費的時間更少，這件事真的對我有幫助，我很開心減少身外物。如果你像我一樣，擔心自己一味追求數量，可以考慮接受「極簡主義」的挑戰，你的觀點會有所改變。此外，想想以往因為產品不耐用而懊惱的消費，這麼做可以幫助你看到你希望哪些物品是重質不重量。

習性五：安全感或身分地位

第五個理財習性是反思金錢帶給你安全感或身分地位。就基本層面來看，錢是購買食物、支付帳單、為車子加油的貨幣。沒有錢，我們窒礙難行，哪裡都去不了，什麼都做不成。但除了基本層面之外，我們再深入探索。除了表面價值，錢對你有什麼意義？你為什麼想擁有金錢？動機是什麼？我從自己身上發現，多數人想到錢就聯想到安全感或身分地位。

安全感 ←→ 身分地位

如果你覺得金錢代表安全感，你希望面對打擊或意外時，安然度過的把握越高越好。知道自己在財務上能應付各種曲球，你就覺得寬慰。

- 這個月的帳單？你有預算，知道自己可以支付所有的費用。
- 被裁員？你可以依靠應急預備金支付六個月的開銷。
- 可怕的醫療急難？你有保險和存款，可以選擇合適的護理。

・但願不會發生，倘若配偶意外去世呢？你們都立了遺囑、買了壽險，可以支付撫養孩子成人的大半費用。

對於注重安全感的人而言，擁有金錢就能安心。

如果你是「安全感型」，小心別生活在恐懼中。如果過去曾受過創傷，尤其要注意這一點。當你做理財決策時，務必看到並考慮所有可能性，不要自動選擇風險最小的那項。有些人可以想買什麼就買，卻不允許自己這麼做，因為他們對未知感到恐懼，任憑恐懼支配他們的理財方式。如果你有這種心態，要認知自己的害怕，逼自己離開舒適區（但要負責任）。如果你常穿的鞋已經破洞，撥預算買新鞋絕對必要！不要讓恐懼阻止你使用、享受辛苦掙來的儲蓄。

這個量表的另一端是身分地位。如果你認為錢代表身分地位，這就是你衡量自己成功的方法。想想記分卡，從旁邊的勾勾數，就能輕鬆看出你佔上風。錢和錢買得到的商品就是這些勾勾，例如你住哪種房子、參加哪些活動、能不能去度夢幻假期。金錢是提升你人生的基準。對於「身分地位型」而言，金錢就代表個人成就。

這種想法不一定膚淺或消極。如果身分地位記分卡上的勾勾包括把財富當成需要好好管理的責任，當成幫助別人的捐款，你的看法就很健康。但是你應該警惕，因為這也可能無限上綱。如果你像我一樣，更把金錢聯想成身分地位，一旦你把成就看得比人格或周遭的親友更重要，你就會偏離正道。如果改善社會地位、住豪宅、開名車成為你最看重的事情，老實說，你一定會失望。也許過程很有趣，卻無法讓你一生幸福美滿。

我自己偏向身分地位型，必須時時留意，不要讓財物和資產界定我這個人。更多存款不代表這個人更好、更重要。其實金錢只是放大鏡：強化你原本的個性。如果你天性善良、慷慨，你有錢之後會更善良、慷慨。如果你無禮、自私自利，有錢只會讓你更沒禮貌、更目中無人。錢只是工具，與你的身分無關。你是誰，你想成為什麼樣的人，與你的成就沒有太大關聯。

還有一點要注意：一定要選擇自己認定的成功，不是一味接受別人的想法。社會文化持續灌輸我們相信社會的認定才重要（容後在第9章討論）。一個不小心，我們努力多年卻換來自己根本不在意的目標。一定要過你想過的人生，不是別人所交代，也不是別人認定你該過的日子。

習性六：富足心態或匱乏心態

下一個探索的理財習性是富足或匱乏量表，這又要講回本章開頭提到的我媽的壽司。瞭解自己在這個量表上的位置，就會知道你理財決策的原因。

富足心態←→匱乏心態

富足心態的人相信，資源足夠，而且綽綽有餘。一定有機會，一定找得到戀人，一定賺得到錢，一定有更多選擇，他們覺得水杯是半滿。碰上挑戰時，他們往往說：「一切都會好轉。」或是「危機就是轉機！」他們願意承擔更多風險，通常不怕決定所帶來的後果。如果不喜歡這個結果，再做另一個決定就好。總有做不完的決定，對嗎？富足心態的人願意做別人不肯做的事情。他們看待風險更輕鬆，通常很能容忍改變。他們天性多半願意付出，相信總有辦法賺更多錢。

對富足心態的人而言，最棘手的一點就是他們太樂觀，以致失去行事的智慧。有個朋友大學暑假期間去非營利組織實習，她熱愛那些人、認同他們的使命，感動到把所有工資默默捐回去。雖然她的動機良善，她做這個決定之前沒問過任何人，也沒想清楚後果。最後把所有的錢（稅後）都還給那個非營利組織，秋天回大學時沒存到一毛錢。

富足心態的人做決定之前，必須小心將來吃苦頭，有時信心十足是因為缺乏智慧。在這個案例中，朋友的慷慨導致財務吃緊。如果你是富足心態型，不要脫離現實做出重要決定。反而應該找人商量。《聖經》〈箴言〉第十一章第十四節（新欽定版）說，「謀士眾多，所謀乃成。」

量表另一端的人是匱乏心態。他們做理財決策時，認定資源有限，不是無窮無盡。匱乏心態型認為杯子是半空，守財守得更緊，因為「他們日後可能用得著」，不想浪費。他們有時害怕失去東西，因為他們可能無法找到替代品。整體而言，匱乏心態的人在金錢方面比較保守——他們往往也非常明智。他們通常比較不浪費錢，因為他們認為金錢是有限的資源。他們對自己的財務狀況往往更謹慎、更周全，也更留意。他們總是做好準備，在做出決定之前權衡得失。匱乏心態的朋友可能對機會很實際、客觀，因為他們不會只想到最樂觀的情況。

然而不健康的匱乏心態可不一樣。他們認定資源不足，而且永遠不夠。這種心態會認定上帝沒辦法或不願意提供生活所需——上帝的仁慈和能力有其限度。如果他們丟掉車庫那套多餘的碗碟，有一天需要用到時，他們認為到時不會有預算買回來。不健康的匱乏心態對金錢和財物的決定是基於恐懼而非事實，他們經常錯過改善生活的聰明理財機會，因為他們任憑恐懼蒙蔽理智。

如果你自覺有不健康的匱乏心態，有幾件事可做。首先，涉及你的金錢時，不要一意孤行。尋求明智的建議，聽聽他們的意見，客觀的第三方能協助你看清楚自己的財務狀況。

對抗不健康匱乏心態的另一個方法就是付出更多。你已經覺得不夠，我還要你多奉獻，你一定覺得太瘋狂。要幫助不信任的人打開心房，奉獻就是最有力的方法。我們將在第12章深入討論奉獻，現在先從小事做起。你手邊有什麼東西可以送出去幫助別人？一件你不穿的衣服？你烤的新鮮麵包？在餐館付更多小費？請致力於執行每週送點小東西，持續做上一個月，看看這件事情如何開始轉變你的想法。

習性七：有計畫地捐獻或想捐就捐

這一章最後探討的理財習性是你如何捐獻，是有計畫地捐贈，還是想捐就捐？同樣地，兩者沒有對錯之分。我們天生都有不同的捐贈習性，重要的是認知並瞭解你怎麼做。

有計畫地捐獻↔想捐就捐

你很快就想捐獻？如果在人行道上看到有人募款，你是不是覺得非捐不可？如果你聽到值得支持的組織正在募款，是不是馬上就想捐款？那麼你可能是想捐就捐型。

你的捐獻速度比較慢？你在捐贈前會先想一想、算一算？你甚至需要在捐獻前準確計算要捐的物資？如果答案是肯定的，你就是有計畫地捐獻型。我們先探討想捐就捐型，再討論有計畫地捐獻型。

身為想捐就捐型，你喜歡擁有依照心情回應的餘裕。你天生就會張開雙臂擁抱人生，情不自禁就想幫忙。看到別人有需求，你會努力即時回應。多虧想捐就捐型，很多人得到幫助。如果全世界都是有計畫地捐獻型，很多這類機會都會被錯過。此外，如果你隨時準備幫助別人，也會體驗到許多樂事。

如果你是想捐就捐型，請確保你的捐獻有效果。這裡捐五元、那裡捐五元在當下可能感覺良好，效果卻可能不如你所想像。真情流露的捐獻絕對沒有錯，我只是希望你記住，如果這是你唯一的捐獻方式，可能會錯過能產生更大影響力的機會。

如果你天生就是有計畫地捐獻型，你有很多強項！一般而言，有計畫地捐獻型會認真對待自己的資產，不會捐獻給每個聽過的慈善機構，因為他們已經決定捐獻方式，而且會致力於執行。他們也很謹慎，會避開沒研究過的個人或非營利組織。

無論是上門募款或雜貨店的收銀員，你收到未經準備的募款要求時，有計畫捐獻的習性也有幫助。因為你的捐獻是有策略、經過規劃，所以你拒絕募款不會感到愧疚。你可以就事論事地回應：「我會研究一下，但我已經決定這個月的捐獻對象。」

我的個性比較接近想捐就捐型。看到別人有需要，我就想立刻伸出援手，這是我的天性。但我漸漸改變成有計畫地捐獻，因為我看到妥善規劃的捐贈可以產生更大的影響。溫斯頓和我認為捐獻是重大責任，我們對捐贈物資和對象的關心一如我們對待自己的投資。我們謹慎研究捐獻的組織，並且規劃如何捐贈。

雖然捐獻是好事，但你也許不信，這件事會在婚姻中製造分歧。如果你是有計畫地捐獻型，看到配偶在雜貨店捐幾塊錢，或花錢買用不到的物品支持當地募款活動，你可能很氣餒，甚至覺得浪費。如果你是想捐就捐型，有計畫地捐獻型的伴侶一次又一次放棄幫助有需要的人，你會覺得他們冷血無情。但捐獻不一定要成為爭執的原因。

經過一段時間之後，溫斯頓和我在有計畫地捐獻中撥出專款，以防我們想捐就捐。我們希望對捐款負起責任、妥善規劃，也希望心理和預算都有餘裕伸出援手。如果碰上意料之外的事情，我們又覺得有必要奉獻，就有預算可以助人！如果我覺得聽到神的召喚，我從不拒絕。

如果你是有計畫地捐獻型，一定要留預算給意外情況。無論你的習性是什麼，都要感謝自己、感恩他人。如果你已婚，與配偶談談彼此的捐獻風格，想辦法支持他們。不管你是哪一型，重點是你希望自己能夠樂善好施，所以現在就開始從小地方練習，將來才能慷慨解囊。

不同的天性

知道自己和親友的理財習性，你就能做出更好的決定。我舉例告訴你。幾年前，我的朋友和丈夫去買車，當時他們還沒參加財務安定學習中心，尚未致力於無債一身輕。他們在車行看了二手車和新車。財務保守的丈夫不肯買二手車，卻願意貸款買新車時，她以為他已經算過，也做了功課，但是他沒有。他們最後必須支付一個月高達七百美元的車貸，幾個月後丈夫還失業。可以想見他們每個月面對這筆款項的壓力。

後來，他們上了財務安定學習中心，才意識到她是按部就班型，他卻是自由奔放型。我朋友認為丈夫已經研究過，因為她就是這樣的人。但她那自由奔放型的丈夫想買車，因為她能開那部車該有多棒啊。他的立意良善，這個決定卻不明智。

時間快轉到今天。現在他們買車，做法已經不同。他們兩人會共同商量，並且支付現金。他們討論兩人對新車的需求和願景，然後她計算數字，判斷他們可以負擔的金額、該儲蓄多久、哪些車又符合他們的需求。（她喜歡做這些功課！）她把研究結果告訴他，他確保選一部可以讓他們享受駕駛樂趣的車子。（這是他的專長！）如今他們溝通的方式有所改變，更信任對方，各自發揮強項，做出更好的決定。

利用理財習性與配偶互補很容易，但是你的理財習性在你自己做理財決策時也很有幫助。記得我那個朋友嗎？把大學暑假工資捐給打工的非營利組織的女生？如果人生能重來，她會告訴年輕的自己，做決定之前先找信得過的人商量，討論不同的選擇。她仍然想把一部分錢捐出去，但她現在知道，存下大部分工資支付下一學期的大學開銷才明智，也才能讓她安心。

適度

我們在這一章詳盡介紹理財習性。無論你在這些量表上偏向哪一端，切記，這些習性本身沒有對錯之分，只是展現我們的天性。我們的任務就是認知自己的習性，必要時加以調整。

那麼每個量表的目標是什麼？適度，就是避免走向極端。例如，匱乏型說資源有限，我們應該仔細計畫，這是智慧！不健康的匱乏型說資源永遠不可能足夠，所以甚至不該嘗試新事物，這就太極端，尚未開始就認輸。

底下是其他例子。按部就班型，你想掌握數字，留意所有決策，但要保持彈性，以免人生少了即興樂趣。注重品質的人：不是所有東西都得選用最昂貴的等級。我敢說，在某些方面，你會喜歡有多樣化的選擇，或是享受額外的節約，只因為你買了較便宜的商品。重視物質勝於體驗的人：不要把所有心思放在下一筆購物上，免得你不再重視與親友共度的珍貴時光。

這些習性太過極端的危險就是阻礙你、限制你成長和享受人生的潛力。只要你知道自己的習性和病態的極端，就能做出更好的決定，往量表的中心移動。如果你天生是花錢型，你是否透過遵循預算和儲蓄做出健康的理財決策？如果你的支出毫無節制，儲蓄帳戶又空空如也，這就是你需要努力的地方。聽好了，如果你真的在這些主要的理財習性上下功夫，一定會看到進步！

你越注意你為什麼用這種方式花錢（或不花錢），越能在必要時修正方向。不要拖延，等一年、五年或十年後再回顧，你會非常感激自己從今天開始努力。

輪到你了

1. 說到如何花錢、如何看待金錢方面的問題時，你會把自己放在以下量表的哪個位置？你認為自己應該落在哪裡就在哪裡做記號。舉例來說，如果你百分之百是花錢型，你的記號就在最下方。如果你是存錢型，有時又有強烈的花錢習性，就在中間偏存錢型的位置做記號。答案不分正確或錯誤！

存錢型 —————— 花錢型

按部就班型 —————— 自由奔放型

體驗 —————— 物質

品質 —————— 數量

安全感 —————— 身分地位

富足 —————— 匱乏

有計畫地捐獻——想捐就捐

2. 在你覺得帶給你困擾的量表上，你可以採取哪些措施往中間靠攏？

3. 別人如何理財讓你感到沮喪或憤怒？這件事和理財習性有關嗎？

4. 因為某種理財習性導致你在婚姻或戀情中感到壓力嗎？如果是，根據你所學到的知識，你可以如何處理呢？

第5章

你對金錢的恐懼（上）

幾年前，我的弟妹克莉絲汀約了朋友一起吃早餐。她在田納西州諾克斯維爾市中心某個古色古香的區域，她去過幾百次，對那裡很熟悉，也很有安全感。她走到餐廳時發現餐廳沒開，打電話給朋友，決定約在一條街外的朋友公寓見面。

途中有個男人接近，向她討菸。她客氣表示她不抽菸，也沒有菸。他看起來很激動，上下打量她一番就離開。但他突然轉身，要求她交出錢包。

她聽得很清楚，但她不打算交出去。她嚴厲地看著他說：「你說什麼？」他說：「皮包拿來！」這次還拉開外套，掏出一把槍。他扣上扳機，又說了第三次。

這時她愣住了。她彷彿靈魂出竅，恐懼席捲而來，她交出皮包，對方拿了就跑。

幾秒鐘後，她看到另一個朋友在馬路對面，她跑過去求救。他們去報警，最後她去警局，描述男子長相。

這可說是她一生中最恐怖的時刻，但她處理得非常好。我們都經歷過害怕到難以做出正確決定的時刻，真正的恐懼使我們無法清晰思考，理性處理資訊。恐懼導致我們在錯誤的時刻採取行動，該行動的時候又沒有作為。還記得二〇二〇年新冠病毒剛開始大流行嗎？對付這種呼吸道病毒，人們第一樣囤積的東西是什麼？衛生紙。衛生紙？我們在想什麼？這就是恐懼，它阻止我們理性思考。

對金錢的恐懼也不例外。你也許不相信，我們每個人對金錢都有或曾經有恐懼。研究證明，沒有足夠的錢是美國人最害怕的前十名⑨。無論你存多少錢或賺多少錢，每個人都經歷過金錢的恐懼。

這裡的恐懼可不是指擔心或憂慮，是讓你凌晨一點醒來，嚇得滿頭大汗、心跳加速的恐懼。你無法擺脫那種恐懼，因此身心俱疲。白天佔據了你的腦袋，害你難以專心做事。這種恐懼挾持你當人質，就因為你剛失業，有三個年幼的孩子嗷嗷待哺，有房貸要付，而且沒有任何儲蓄。這種恐懼真真切切，嚴峻可怕。

大多數人不會認為恐懼有任何正面意義，妙的是恐懼其實是一份禮物，我們需要它。恐懼是基本、共通的情感，可以保護我們。它是我們的身體對感知威脅的自然反應，好比被槍指著的時候。恐懼會誘發或戰或逃的反應，逼我們在危險情況下採取行動。恐懼在字面上、生物學上都激勵我們。身體透過恐懼告訴我們：「注意，行動！」我們感受到恐懼時，身體就會分泌荷爾蒙，促使我們更加敏銳，以便採取行動。

如果恐懼的情緒強烈到超出保護我們的範圍，導致我們動彈不得，可就幫不上忙了。以下是恐懼的棘手之處，為了保護我們，恐懼必須限制我們的選擇。我和馬克斯・巴金漢談論恐懼，他說：「我們知道恐懼對人的影響，它會限縮思想。如果你被老虎攻擊，你不會開始沉吟生命的目的。你只會問，『我跑得過老虎嗎？』恐懼讓人只想到活下去，阻斷創造力。」你走在人行道上，看到汽車失控，越過車道向你衝過來，你唯一要考慮的是如何保命。恐懼幫你專心面對攸關生死的局面，然而你若持續

⑨ 作者註：〈二〇一八年美國人最恐懼的事〉，由查普曼大學（Chapman University）調查美國人最恐懼的事，二〇一八年十月十六日刊載。

生活在恐懼之下，就會陷入生存模式，無法進行創造性的思考，也沒辦法想像局勢可能改觀。恐懼可以幫助你活下去，卻是可怕的主人。

想一想金錢的恐懼。如果你發生意外受傷，三個月不能工作怎麼辦？你十二個星期都拿不到薪水。就在那一刻——當你需要更多逃生路線、更多削減開銷的方法、更多賺外快的方法、更多改善窘境的機會——恐懼會讓你動彈不得，看不到任何選擇，除非你能控制這種情緒。

在最佳狀況下，恐懼可以幫助你看到情勢緊迫，逼你採取行動。在最差狀況下，恐懼會阻擋你的創意，害你什麼都不做。如果克莉絲汀沒有迅速思考並交出皮包呢？如果沒立刻交出去，反而愣在那裡呢？誰知道那個男人會不會採取激烈手段，比如扣動扳機呢？但她保持冷靜，保住性命。同樣地，如果你想發財致富，就得承認你的恐懼，找到方法加以克服。

如何克服恐懼呢？我們每週舉行員工會議，討論新措施、新策略和核心價值觀。在最近的會議上，有位執行副總裁談到了我們的核心價值觀「無所懼」，分享他如何在自己的人生中處理恐懼。他說步驟有三個：

1. 指出恐懼。

2. 專注於事實。

3. 主動求援。

面對恐懼時，要做的第一件事是瞭解那就是恐懼。所以你要指出來。當你認出恐懼、直接指出，恐懼就不再躲在暗處，讓你不知不覺地受到控制。

第二步是專注於事實。你除了指出恐懼，還得花時間面對事實。孩子害怕上新學校，我們要花時間教育他們：緊張沒什麼，但是你很安全，你會找到你喜歡的活動，你會交到新朋友。我們不止說一次，必須持續提醒他們，事實才能深入他們內心。我們面對恐懼時也一樣，必須花時間記住，專注於事實真相。

第三步是主動求援。我們要確實地把自己的恐懼傳達給上帝和其他人，並在必要時刻採取行動。在探討我們對金錢的恐懼時，想想你自己可以如何將這三個步驟納入生活。《聖經》〈提摩太後書〉的第一章第七節（新欽定版）說：「因為神賜給我們，不是膽怯的心，乃是剛強、仁愛、謹守的心。」恐懼很真實，但是上帝創造的你一定可以克服。

主要的金錢恐懼

我從事這行最棒的一點就是可以到處旅行，對全美各地的人演講。有趣的是，我走到哪裡都看到人們戰戰兢兢地面對同樣的金錢恐懼。接下來這兩章，將探討我看到的六大金錢恐懼，以及如何面對。

1. 如果發生意外，我的財務會出問題。
2. 時間不多了，我不可能完成渴望已久的夢想。
3. 我無法發財致富，因為我不夠聰明。
4. 我沒辦法成功，因為世道使然。
5. 我永遠無法出人頭地，因為我犯了非常糟糕的理財失誤。
6. 我害怕最終落得像我爸媽一樣。

前兩項是心理學家暨婚姻專家雷斯・派瑞特博士（Les Parrott）在我們的「金錢與婚姻」活動中分享的恐懼。我們將在本章討論這兩項，並提出面對它們的實用方法，後面四項則在下一章討論。

恐懼一：沒有足夠的錢

「如果發生意外，我的財務會出問題。」

如果老闆明天早上打給你，說他們要解雇你怎麼辦？如果你的孩子生病，你得面對一大疊高額醫療帳單呢？如果冷氣在七月中壞了，你不得不籌措幾千美元買新空調呢？如果又出現另一種全球傳染病，經濟陷入停頓好幾個月呢？如果……？這是個可怕的問題。

如果你害怕沒有足夠存款應付突發事件，這樣的人多的是。對許多人而言，這種恐懼其來有自。事實上，涉及金錢時，這可能是我所觀察到的最大恐懼。問題是美國多數人的財務狀況不佳。凱業必達網站（CareerBuilder）的調查指出，七成八的美國人是每個月用光薪資的月光族⑩。美國聯邦儲備銀行表示，只有六成一的美國人可以用現金支付四百美元的緊急狀況⑪。如今多數人真的無法處理意外的緊急狀況。

缺乏安全感也是多數女性對金錢的最大恐懼⑫。多年來，我父親一直開玩笑說女人有男人沒有的安全腺，而且就長在臉上。女性覺得安全腺素高漲時，表情顯露無遺。我從小就聽他這麼說，也和聽眾一起大笑，現在我長大了，完全理解他的意思。我認識的每個女人都曾問過，**如果碰上不測風雲，我們會沒事嗎？**

對男人而言，這種恐懼的表現方法略有不同。男人的安全感往往來自工作以及為家庭提供保障的能力。他們可能會想：「我能賺到足夠的錢滿足家人需求嗎？」而不是**我們會沒事嗎**？追根究柢，這也是同樣的恐懼：我們的錢夠嗎？

這種恐懼也可能有階段性。也許你害怕沒有足夠的錢買這一週的生活必需品，或繳付這個月的貸款——這是現在的恐懼。或害怕沒有存夠退休基金、沒辦法支付孩子的大學學費，或無法照顧年邁的父母——這是未來的恐懼。

因為我們的文化氛圍，這種恐懼對很多人來說相當真切，但問題是：這種匱乏的恐懼也可能不合理。即使你銀行有存款，一樣深受其擾。我對金錢也有這種恐懼，儘管溫斯頓和我已經遵循「循序漸進法」多年，沒有債務，而且不斷投資、奉獻，我偶爾仍舊會問：「如果碰上最糟最糟的狀況呢？我們熬得過去嗎？我們會沒事嗎？」事實是，對，我們不會有事，因為我們沒有任何債務，而且銀行有存款。理論上而言，有這種金錢恐懼似乎毫無道理，但這就是恐懼——極度強大，而且不見得合邏輯。

●應急預備金

如果財務安全是你的恐懼，大方承認，直指出來。然後專注於事實。天有不測風雲，這就是人生。克服這種恐懼有個非常簡單的方法，就是準備應急預備金。專門為緊急狀況存一筆錢，可以帶來莫大的安全感。我想快速分享行之多年的有效計畫，就是「循序漸進法」。（如果你是老朋友，也請繼續看。搭樓建屋之前，先回顧地基絕

⑩作者註：藍西顧問公司就美國家庭的財務狀況所撰的〈金錢、婚姻和溝通〉，二〇一七年二月七日刊載。
⑪美國聯邦儲備銀行理事會二〇一九年五月發布「二〇一八年美國家庭經濟狀況報告」。
⑫作者註：藍西顧問公司就美國家庭的財務狀況所撰的〈金錢、婚姻和溝通〉，二〇一七年二月七日刊載。

對沒有壞處。）「循序漸進法」是致富的清楚路線，也有助於解決其他問題，好比你的恐懼！「循序漸進法」如下：

1. 先存一千美元當初步應急基金。
2. 用滾雪球還債法還清所有債務（房貸除外）。
3. 存下相當於三到六個月開銷的數字當完整的應急預備金。
4. 家庭收入的一成五當成退休基金。
5. 為孩子存大學學費。
6. 提早還清房貸。
7. 累積財富，捐獻行善。

如果你擔心沒有足夠資金應急，就要把重點放在步驟一到三，而且一定要照順序執行。你得從另存一千美元的應急預備金開始。這一千美元可以支付你以前用信用卡應付的緊急狀況，例如修車或醫療帳單。我希望你能快速存下這筆錢！賣東西、加班、規劃預算、瘋狂削減開支——總之要竭盡所能。重點是盡快存到，不要慢慢來，也不要馬虎敷衍！把這一千美元存起來，要當成是攸關生死的大事。

存下一千美元的初步應急預備金之後，下一步就是擺脫房貸以外的所有債務。一一列出債務，從最少列到最多，用滾雪球的方法還清。（稍後會討論這個方法。）我們幫助數百萬人擺脫債務，發現大部分人在十八到二十四個月內完成這個目標。根據你的狀況，時間可能有增減，但這是掌控金錢的關鍵步驟。還清所有債務（房貸除外）之後，初步應急預備金就要增加到三至六個月的開銷金額，這才是我們認定的完整應急預備金。如果你單身又沒有孩子，可能存到三個月開銷就夠了。如果你是自營業者，收入不穩定，或有孩子和貸款，可能得存六個月的費用。

現在先暫停，沉澱消化一下。想想，除了房貸之外，你沒有任何借款，銀行還存了三到六個月開銷的金額。你有預算，而且支出有節度。你每個月的進帳多過開銷！你在財務、情感上都開創新局面。想想你有多平靜，又可以呼吸了！在這種狀況下，你的財務穩定，可以抵抗許多場風暴。

你突然擁有更多選擇，你以前根本不敢想像。你可以辭去討厭的工作，從事薪資少一點卻更讓你開心的工作。你可以開始為夢想存錢，開始為退休準備。你晚上眞的睡得著。當你有扎實的財務基礎時，各種可能性都出現了。這種事情有可能一夕之間就改變嗎？不可能。你必須執行計畫，保持專注，做出犧牲，無論你的收入高低，都能做得到！

●滾雪球還債法

請聽我說伊莉莎白的故事。她是收入普通的小學老師，有四萬美元的債務。她定期還款，但發現利息不斷增加，債務越來越多。因此，伊莉莎白決定採用「循序漸進法」，先存一千美元當初步應急預備金。她如何辦到呢？兼差當保姆。存到初步預備金之後，她大為振奮。她把擺脫債務的決心告訴朋友，找了更多零工——週末在麵包店工作，幫人遛狗、看家。她曾經同時從事八份工作！但她做到了。她用滾雪球還債法還清四萬美元，現在正努力存三至六個月的生活開銷。真的，這件事做得到！

你可能想知道什麼是滾雪球還債法。告訴你，這是還清所有債務最好、最快的方法，伊莉莎白就是因此實現目標。方法如下：

第一步：從最少的債務列到最大一筆，先別管利息。除了最小筆的債務之外，其他債務都支付最低還款金額。

第二步：拚命還清金額最少的債務——兼差，賣掉所有你不需要或用不到的東西，減少所有開支，總之無所不用其極！一旦還清這筆債，就把這筆錢（以及你能從預算中擠出的任何額外資金）拿來還第二少的債務，同時繼續償還其他債務的最低額度。

第三步：一旦還清這筆債，再用這筆錢償還下一筆最小的債務。還得越多，可動用的資金就越多，而且都用來還下一筆債務，這就像滾下山的雪球。

在償還債務的過程中，重複使用這個方法，直到無債一身輕。

我要說清楚，金錢不能確保你心靈平靜，金錢不是最極致的安全感。錢不是魔杖，無法讓人生的紛紛擾擾倏地消失。但是如果你是月光族，隨時都處在恐慌狀態，那麼擺脫債務、擁有應急預備金可以減輕莫大壓力。吉格・金克拉⑬說過：「錢不是

⑬ Zig Ziglar（一九二六—二〇一二），美國作家、勵志演說家。

世上最重要的東西，但就和氧氣一樣重要。」如果你想減少壓力，而且還沒有應急預備金，那麼就從這裡做起，你的人生會徹底改變。

恐懼二：無法實現你的夢想

「時間不多了，我不可能完成渴望已久的夢想。」

許多人有這種恐懼。你是否有渴望已久，卻覺得永遠無法達成的夢想？也許你夢想回學校拿到學位，或追求你所熱衷的事業，但你現在年紀老大，夢想似乎遙不可及。

也許你一直以為終究會買一塊地。結果你仍然住在市郊，無法想像有足夠的錢可以搬家。

也許年輕時，你夢想每年帶孩子去海邊玩。現在孩子已經上高中，你每個月都快付不出車貸，更不用說去海邊度假了。

也許你一直計畫重拾年輕時的嗜好。但你光上班、理家，就覺得夢想遙不可及。也許你夢想只要覺得受到上帝的召喚，就能慷慨解囊，但你現在是月光族，似乎永遠不可能有捐獻的餘裕。

也許你想趁年輕就退休，但隨著時間流逝，夢想也慢慢消失。

《聖經》〈箴言〉第十三章第十二節說：「所盼望的遲延未得，令人心憂。」無法實現夢想的恐懼很危險，因為這種恐懼蠶食鯨吞你的活力。光想到失去實現夢想的機會，就會導致悲傷、抑鬱悄然而至，深植你心。一旦這種恐懼生根發芽，就會讓你徹底癱瘓，因為你看不到達到目的的實際計畫。你尚未開始，恐懼就阻止你實現夢想。

●這裡沒有夢想殺手

我們對人生走向都有一定的預期。我們會在某個年齡之前成婚，或在三十歲時實現所有工作抱負。我們會住在這種類型的房子，在那個城市定居，擁有這麼多孩子。聽起來很耳熟？如果你現在的生活如同你十年前的預期，請舉手。嗯……你也沒有？

朋友，沒有一個人的生活照預期發展。克服永遠無法實現夢想的恐懼，有一部分就是接受人生不如預期。然而這也不見得是壞事！

我父親在《能創業更要會領導》（EntreLeadership）中談到龜兔賽跑的寓言。你們都聽過這個故事，就是一隻烏龜和一隻兔子賽跑。兔子一下子就衝出去，但很快就分心，因為牠知道自己會贏。烏龜努力不懈，即使牠看起來毫無勝算。儘管困難重重，到頭來烏龜還是贏了。為什麼？牠從未放棄。如果我們將近三十年來能學到任何教訓，那就是**當那隻烏龜**！緩慢穩健，一步一步，走完、爬完（或跑完）你的比賽，只要不放棄就好！這不是短跑衝刺。目光鎖定夢想，即使遇到岔路，即使其他人更接近他們的目標，你也不要放棄。

但是切記，在你目前這個階段看來，有些夢想可能難以實現。如果你喜歡籃球，夢想擁有NBA偶像球隊的季票，但你有三個幼子，就很難抽出足夠的時間或預算去看所有比賽，因為你的時間有限。如果你喜歡攝影，想買器材創業，但你正在執行「循序漸進法」第二步的還債任務，你就得等待，因為收入有限。如果你夢想旅行，有個目的地清單，但你剛應徵到第一份工作，沒有年假可用——你得耐心等待，存錢、存年假。有時目前的人生階段會拖慢你的進度，這時候就記住，這只是一時。不要放棄夢想——但是要認清該怎麼做，才能實現目標。

對很多人而言，錢（不是有理財問題，就是沒有錢）是實現夢想的主要障礙。說起來好像是廢話，許多人卻因此停滯不前。實現夢想的第一大步，就是確保你的財務井然有序，這就是「循序漸進法」如此重要的原因。如果沒有現金，很難追求夢想。實施「循序漸進法」，照順序執行。如果你有債務，就用「循序漸進法」第二步的滾雪球還債法解決。收入不再用來償還過去的開銷時，你突然就有現金為將來努力。

如果你正處於「循序漸進法」的第一到第三步，你還不會為夢想花錢，但你仍然可以繼續盼望。你可以與最親近的人討論，研究不同環節，閱讀部落格和書籍。認識開始從事你的夢想的人，志願幫忙，你就可以得到經驗，或者去見習，就能瞭解夢想真正的面貌。提出問題，這不僅能讓你維持熱誠，還能幫助你學習，你才更有動力往前邁進。

做足功課之後就建立時間表，確定目標日期，然後倒回推。問一問從現在到那時，要實現你的金錢目標，必須達到哪些條件。從現在到目標日期，你需要存多少錢才能另外存到一千美元的應急預備金？從現在到目標日期，每個月需要償還多少錢才能還清債務？你的夢想要花多少錢？你要做什麼才能賺到外快？把這些目標拆成好幾個階段，然後開始行動！你辦得到！關鍵不僅是為夢想準備，還要在你辛苦建立穩固的財務基礎時，不要懷憂喪志。無論實現夢想要多久，只要懷抱希望，就能夠克服你所面臨的任何挫折。

第6章 你對金錢的恐懼（下）

本章要介紹的四種恐懼是我與人們討論金錢時常遇到的問題。切記，沒有人對金錢恐懼有免疫力，即使是有錢人。我們討論每個恐懼時，請牢記處理恐懼的步驟：

1. 指出恐懼。
2. 專注於事實。
3. 主動求援。

請聽聽我的心聲：我知道，戰勝恐懼不容易。這些步驟是幫助你看清楚、變得更堅強，得到支持的工具。在你深入剖析，克服恐懼的過程中，一定很辛苦。但是當你走過這些階段，得到新見解，這些奮鬥將成為希望和勇氣，改變阻礙你的事物！

恐懼三：沒有能力

「我無法發財致富，因為我不夠聰明。」

這是我多年來常聽到的恐懼。

「那些發財致富的人都很聰明。他們瞭解複雜的數學，他們是銀行家和投資專家，大學就學這個。他們當然會發財！但我不知道金錢運作的道理，所以我辦不到。」

「我不夠聰明。」

「我的數學很差。」

「我做不到。」

很多人認為他們不懂個人理財。我明白！錢可能是令人生畏的話題。你會聽到某些理論和莫名其妙的術語，例如延稅年金（wraparound annuity）、小型雇主健康還款計畫（QSEHRAs）、避稅羅斯個人退休帳戶（backdoor Roth IRAs）、457退休計畫，你很快就覺得招架不住。就算有些字拼不出來，有些理論我們還搞不懂，並不代表我們不能發財致富。

我和溫斯頓結婚之後去找一位投資專家，瞭解我們如何結合資金和投資組合。會面之前，我很緊張！知道嗎？我聽不懂某些內容！你沒看錯，即使我是大衛・藍西的女兒，從小聽理財原則長大，也不是金錢方面的萬事通。重點是：在我搞懂現況、瞭解將來該怎麼做之前，我絕對不走。我一個問題接著一個問，終於掌握我們夫妻的財務狀況——恐懼才消失。

如果你擔心自己不夠聰明，或者不具備致富的條件，我要分享朋友克里斯・霍根（Chris Hogan）告訴我的事，故事主人翁是羅諾・雷德（Ronald Read）。羅諾是佛蒙特州的清潔工兼加油站工作人員。這個鰥夫九十二歲去世，家人發現他的淨資產有八百萬美元⑭。他沒有了不起的金融學位，一生未曾領過高薪，也沒開過好車，只是

---

⑭作者註：〈通往八百萬美元財富的道路從節儉生活開始〉，Anna Prior，二〇一五年三月十九日刊載於《華爾街日報》。

瞭解簡單的原則。他生活節約，投資他懂的事物。他提出很多問題，幾十年來耐心等候資產增加。這些事情任何人都做得到。

●你可以掌控

如果這是你對金錢的恐懼，我有個好消息要告訴你，個人理財純屬個人！想發財致富，不需要金融方面的企管碩士學位。你完全可以掌控情勢，因為這是以你為基礎。這是大好消息，因為妥善處理你的錢並不複雜。我們認為，理財有八成靠行為，只有兩成靠知識。所以累積財富有八成靠你實踐簡單原則。致富有八成靠你的紀律、你的持之以恆和你的日常選擇。**你才是控制你這艘船隻方向的人。**

對某些人而言，這可能是壞消息，因為你必須承認自己要負起極大的責任。你必須學會控制你的行為，不能花你沒有的錢，不能規避規劃預算，不能只做當下開心的事情。（我說的就是你，最後一刻才要去超市採買，週五晚上叫外賣，貸款買車！）你必須有紀律，刻意控制你的金流，而不是反其道而行。

那麼另外兩成的知識呢？你可能已經知道你懂得不夠多，或者你像我的朋友萊西一樣，自小以為自己對金錢知之甚詳。她的父親是理財顧問，他們偶爾會聊聊她該如何理財。後來萊西獨立生活，她自己都不明白為何十年來都過著月光族的生活。如果你目前在金錢方面沒有任何進展，顯然你錯過某些重要資訊。

如果這就是你，請回到基本面，例如生活開銷不可多過收入，只買負擔得起的東西，堅持「循序漸進法」。務必分清楚信用卡和簽帳金融卡的不同；學習如何規劃零基預算；知道何時使用支票帳戶、儲蓄帳戶和貨幣市場帳戶；並與理財專家討論如何投資。有這種恐懼的人犯的頭號錯誤，就是怕到不敢提問。聽我說，你不必成為理財顧問，但你需要學習基本知識。絕對不要相信自己不夠聰明，無法發財致富，因為這不是事實。你**真的可以做到！**

恐懼四：外力

「我沒辦法成功，因為世道使然。」

「如果某某當選，一切就會好轉。我不用還學貸，終於可以好好過日子。」

「我們選錯人進白宮。」

「國會剛通過了最荒謬的法令。」

「企業貪婪無所不在。」

「以前人家叫我們借學貸，現在債務讓我招架不住，我們根本不可能還清債務。」

你聽過這些話嗎？想過這些事嗎？我們的文化有這種信念——往往在我這一代——說我們永遠不會出人頭地，原因就是人生有我們無法控制的因素。

我們把自己的理財問題歸咎於其他人事物：

- 「這不是我的錯，沒有人教我！」
- 「這個系統有幕後黑手。我這種人永遠不可能出人頭地。」
- 「人資部只看高學歷，我面試永遠得不到公平機會。」

事實上，世上的確有很多事情完全不受我們控制。人生發生的許多事情，都不由我們作主。以下這一點也是事實：環境無法界定你——重點是你的處理態度。你無法控制公司是否雇用你，但你可以在每次面試時都全力以赴，並且在面試之後發送感謝信。你不能控制你是否被解雇，但你可以不欠債，準備應急預備金，就能挺過危機。你無法控制結縭十七年的配偶會不會離開，但你可以決定是否重新開始過好你的人生。有人因為無可控制的事情停滯不前，也有人碰到類似狀況卻努力克服。

是否有我們必須克服的外力？是。有些人要打的仗比別人更棘手？當然。但你可以決定繼續奮戰或徹底放棄，沒有人可以代勞。

●你的信念改變一切

什麼原因讓一個人戰勝巨大的理財困境，另一個人卻放棄？他們的信念。你今天的信念決定你的未來。你對金錢、對自己、對世界的信念，決定你的人生發展。你每天都有能力做決策，在理財方面有所進步，或因此退步，這都操之在你。

不要再等待別人或其他事情改變你的人生，這只是浪費時間，這些時間本來可以幫你擺脫債務或賺取複利。如果你把改變人生的希望寄託在華盛頓特區，你會等上非常、非常久。沒有哪個民主黨員或共和黨員會改變你的生活，你才是那個關鍵人物。即使完美的政治家當選，他們也不是國王或女王。我們的政治體系仍舊互相制衡，這讓我想起一句話：「得出動國會才辦得到。」

我們研究一萬多位百萬富翁，最吸引我的統計數字是其中有百分之九十七的人相信自己可以當上百萬富翁⑮，他們認為這件事操之在己。他們相信自己掌握成功的關鍵。對多數百萬富翁而言，有一部分的祕訣是他們相信這件事辦得到。順便說一句，他們當中有百分之八十四是第一代的百萬富翁⑯！他們的財富不是來自家業，是透過努力工作致富。你的信念很重要！

亨利・福特說：「無論你相信自己辦得到或辦不到，你都是對的。」現在就問問自己，你是否相信你已經具備所有要件，可以掌控財務、發財致富、極度樂善好施。你不需要知道你如何達到目標。現在，你只要相信你辦得到。我舉個例子說明信念如何影響人生。

海莉做了十年的平面設計師。她想報名在職課程，但開課時卻總是沒有足夠的錢或假期。一年一年過去，她對自己沒有進步越來越沮喪。她終於下定決心，無論如何都要去上課。她不知道如何安排休假或籌措學費，但她第一次相信自己做得到，而且她有半年可以想辦法。

海莉繼續努力從事正職工作，幾週後，有個熟人突然找海莉幫她的小公司設計商標和網站，這份差事的酬勞足以支付學費。她請示上司能否請假上課，對方很高興她投資精進自己的專業。既然她自己支付上課費用，他同意她去上課，不必挪用年假。海莉的生活為什麼發生變化？唯一改變的事情就是她相信自己做得到。

各位，我們必須從這裡做起。我們必須相信我們可以控制自己的錢，還能發財致富！如果我們認定問題太大，無法解決，**就會如你所想**。如果我們相信我們能征服這座山，**就辦得到**。至於該如何辦到，我們終究會想到。

除了控制你的信念之外，如果你能把精力集中在以下事項上，就會有所進步。首先，你可以控制你的**工作態度**。你願意兼差嗎？你夠積極嗎？願意學習新技能，另外

---

⑮ 作者註：《美國百萬富翁的研究報告》（The National Study of Millionaires），作者為Chris Hogan，二〇二〇年由田納西州富蘭克林的藍西出版社所發行。

⑯ 作者註：同上，第二十一頁。

找份工作？你願意賣掉一些東西還債嗎？海莉願意承擔額外的工作賺取學費，任何值得實現的目標都需要你努力工作。

第二，你可以控制你的錢。〈路加福音〉第十六章第十節說：「人在最小的事上忠心，在大事上也忠心。」你是否為你的錢做計畫（也就是每月預算）？你是否為每筆消費存錢而不是借貸？海莉賺到收入之後，沒拿去買她在Instagram上看到的商品。她也不需要借貸，因為她已經有資金。她可以用這筆錢上課，因為她在日常財務方面嚴守紀律。

第三，你可以控制與誰為伍。要小心你交的朋友。《聖經》〈箴言〉第十三章第二十節（英文標準版）：「與智慧人同行的，必得智慧；和愚昧人作伴的，必受虧損。」你和誰在一起，就會越來越像他們。你接受他們的心態、行為和習慣。如果你身邊的人有受害者情結，你就會開始有這種思維。如果你的朋友致力於實現目標，你也會更有生產力。你花最多時間共處的人會影響你，所以請明智擇友。

今天就決定賺錢致富。我希望你有追求勝利的熱情，覺得沒有任何事情或任何人可以阻撓你。接著就把注意力放在你能控制的事情上，這些習慣會幫你償還債務、累積財富，你才能按照自己的意願過生活。

恐懼五：過去的錯誤

「我永遠無法出人頭地，因為我犯了非常糟糕的理財失誤。」

我們在第1章談過，要發財致富，處理過去很重要。過去可能令人傷心，傷得很重、傷得很久，以致破壞婚姻和家庭。二〇一八年，一對育有三個子女的夫妻垂頭喪氣來到我們總部。他們過去的錯誤滾出七十萬美元的債務，全都與失敗的農業生意相關⑰。他們的婚姻岌岌可危，壓力搞得他們筋疲力盡。他們的情況其實很像我父母破產的當年。他們知道往後好幾年都得辛苦收拾爛攤子，但他們扛起責任，正面迎擊。過往錯誤的重擔可能讓你想放棄，這個重擔看起來太大、太難、太可怕，你根本無法

⑰ 作者註：「負債七十萬美元，準備宣布破產」，大衛・藍西二〇一八年四月二十一日發布於YouTube「大衛・藍西秀」（The Dave Ramsey Show）的影片。

起步。但是我們必須面對過去，才能向前邁進。

●不需要因為過去而停滯不前

我和許多人一樣超迷迪士尼，怎麼抗拒這種魔力嘛。從動畫角色身上學到人生經驗，更能證明我是超級粉絲。《獅子王》是迪士尼的絕佳作品，電影快結束時有一場戲，辛巴與聰明的猴子拉飛奇團圓。辛巴在雲中看到亡父提醒牠記得自己是誰，接著辛巴和拉飛奇的對話如下。

辛巴：「風向好像變了。」

拉飛奇：「是啊，變化是好事。」

辛巴：「對，但這並不容易。我知道我該做什麼。但回去就表示我必須面對我的過去。我逃避了這麼久。」

〔拉飛奇莫名其妙用棍子打辛巴的頭。〕

辛巴：「好痛，幹麼打我？」

拉飛奇：「不重要，都過去了。」
辛巴：「對，但我還是很傷心。」
拉飛奇：「是啊，過去可能讓人傷心。在我看來，你可以逃避，也可以從中記取教訓。」

如今多數人必須整理理財失誤，才能向前邁進。你不該向配偶謊報財務狀況，這個錯誤需要時間才能癒合。不為自己的選擇負起責任，是你無法克服的錯誤，除非你承認問題出在鏡子裡那個人身上。債務這個錯誤讓你不斷為過去買單：你吃過的食物、去過的假期、穿過的衣服（也許都扔了！）、五年前拿到的學位。你必須一次挖出一筆債務。沒有人說過去的錯誤不令人傷心，沒有人說我們不需要面對後果。但是我們應該接納拉飛奇的建議，從過去記取教訓，而不是逃避或忽視。

對過往錯誤的恐懼之所以根深蒂固，往往是因為我們混淆兩件相差甚遠的事情。「我失敗了」和「我是個失敗的人」有很大區別。一個是錯誤決定的結果，另一個是我們的決定性特徵。如果你害怕過去的失誤，要記得，人都會犯錯。我們都會犯錯，這不代表你，這只是發生過的事情，你現在怎麼做才要緊。

如果你犯了重大理財失誤，通常會感到內疚或羞愧。內疚可能有幫助，促使我們下次做出更好的決定。但羞愧會耗弱心神。暢銷書作家布芮尼・布朗（Brené Brown）將**羞愧**定義為「相信我們有缺陷，因此不值得愛、不該有歸屬感的強烈痛苦感受或經歷⑱。」《獅子王》的辛巴逃避生活，因為牠自認是個失敗者。牠認為自己不值得愛。還記得辛巴面對過去之前發生什麼事情嗎？別忘了：辛巴收到父親捎來的話，**提醒牠記得自己是誰**。順序最關鍵。辛巴必須想起自己真正的身分，才能承擔過去的錯誤，往前走。

如果你認為你過去的錯誤大到無法克服，請容我提醒你記住你是誰。你不是天生注定失敗，你不是生來只為了餬口度日，你不是生來要過得渾渾噩噩。你是誰？

你有人愛。

你很堅強。

你不會被難倒。

你的生命有意義。

〈耶利米書〉第二十九章第十一節說，「耶和華說：『我知道我向你們所懷的意念是賜平安的意念，不是降災禍的意念，要叫你們末後有指望。』」你的生命不是意外，你很重要，你的生命很重要。不要忽略這一點。你必須從這裡開始，鼓起勇氣，面對你需要攀登的山脈，再久也在所不惜。

面對錯誤時，請記住，你的過去影響你多久才能取得勝利。償還五千美元的時間比償還二十萬美元快，兩者都辦得到，但後者比較費時。有個朋友說她哥哥有十萬美元的學貸，糟糕的是他沒拿到學位。所以他揹了債務，沒有學位，也沒有工作。他壓力山大、嚴重焦慮，以致陷入抑鬱症。即使是他這種情況，也不是毫無希望。的確很辛苦，需要時間和努力工作來克服。但這是他**可以**面對的現實。

面對現實至關緊要，因為我們每天都得處理錢，我們無法選擇不做。你必須選

⑱ 作者註：〈羞愧對上罪惡感〉，布芮尼・布朗於二〇一三年一月十五日發表的文章。

擇：不是繼續迴避你的爛攤子，任憑問題惡化成需要根管治療的蛀牙，否則就是從錯誤中學習，收拾殘局，繼續前進。唯一真正的失敗，是你跌倒之後不站起來追趕。你無法避開未來，但可以避免往昔箝制你的未來。

恐懼六：重蹈覆轍

「我害怕最終落得像我爸媽一樣。」

父母是我們的第一個典範，我們從小就不知不覺地學習他們。後來才發現，世上不是只有我們認定的常規，做事方法也不是只有一種，例如義大利麵還有其他烹調方法。還有其他的理財方法，例如，過日子不一定要舉債。但是，改變人生榜樣的習慣和模式並不容易，也可能害怕落得像我們爸媽一樣。這種恐懼可能有各種面貌。

有時你害怕歷史重演，因為你看著爸媽一生都捉襟見肘。你不知道妥善管理金錢是辦得到的，因為你從來沒見過實例。或者你以為父母理財得當，在某個「重大時刻」，你才發現他們不如你所想像。也許他們沒有高薪工作，或者他們無法保住工作，也許他們沒有為退休存款。你看著他們的窘境，心裡的恐懼逐漸高漲。你對自己說，**我不希望我的人生像他們一樣**。

有些父母太窮困，被迫搬去和成年子女同住，因為他們在經濟上根本無法照顧自己。你看到這種事情發生，心裡應該極度難受。從親子關係而言，你很煎熬，因為你愛爸媽，希望照顧他們。然而就經濟層面而言，也同樣艱難，因為多數人幾乎沒有足夠的錢照顧自己，更不用說照顧他們的父母。我的好朋友就遇上這種事，我記得她說：「無論如何，我不會對孩子做這種事。我要確保我們現在精打細算，以免日後要孩子扛起這個重擔。」

有些人在貧困中長大，非常害怕又回去過苦日子。我喜歡早上聽廣播名人暨暢銷書作家鮑比・博恩斯的節目。現在，他的日子過得非常好。長期聽眾就知道他是在阮囊羞澀的狀況之下長大，有種「根深蒂固的恐懼，害怕哪一天又成為窮人」。現在他對理財很保守。有很長一段時間，他每個月多付水電費，預繳一點錢，以防哪個月付不起⑲。如果電費帳單是兩百一十二美元，他就付兩百二十美元，確定打理好水電事宜。某天早上，他在節目中說：「我永遠不會拖欠帳單，不會有人打電話來說我欠他們錢。」多付帳單完全沒必要（他現在也不再這麼做），他害怕沒有水電可用，這就是他面對這種恐懼的處理方式。

害怕重蹈覆轍不見得與入不敷出有關。對某些人來說，你們的恐懼不是父母沒有足夠的錢，而是他們的錢太多。你從小看到的都是奢華浪費。面子最重要，什麼都更大、更好，結果現在你對金錢或錢能買到的東西毫無興趣。你已經知道物質不會帶給你快樂。如果你從小覺得父母膚淺，心裡只想著錢，你可能鄙視或害怕財富。

相反地，有些父母覺得花錢是致命的罪孽。他們要拚命擠出每一分錢——可能出於需要，可能出於恐懼。我朋友崔西的媽媽買每一件東西都要殺價。我說每一件，真的是每一件。只要有買賣行為，她就會在雜貨店、舊貨店、服飾店討價還價。即使是她訂披薩（但是這種機會非常少），都會說服對方送一道配菜和兩公升的可樂。崔西童年時都覺得母親的行為讓她很尷尬，因為她媽媽似乎利用別人拿到好處。

●你侍奉誰操之在你

如果你對上述內容有共鳴，希望你記住，你可以承認父母的金錢觀不健康，他們做出你不贊同的選擇也沒關係。請放心，你不必重蹈父母的覆轍。實際上，你絕對有可能明智理財，創造財富，擁有健康的金錢觀，只把錢當工具。錢本來也只是工具。擁有美好的物質不是問題所在，問題是鏡子裡那個人。〈馬太福音〉第六章第二十四節說，「一個人不能侍奉兩個主；不是惡這個，愛那個，就是重這個，輕那個。你們不能又侍奉神，又侍奉金錢。」聖經沒說「你不能擁有錢又侍奉上帝」。經文說你不能同時侍奉兩者。切記，錢只是工具，不應該是你人生中最重要的東西。

如果你害怕重蹈覆轍，到頭來落得像你的父母一樣，你需要找到新的理財典範。也許是教會、社區中的某個人，也許是好朋友或是財務安定學習中心的班長。找一個活出你崇尚的價值觀的人，詢問他們是否願意與你會面，教導你怎麼做。如果你和活在債務中的人一起長大，就去認識沒有債務的人。如果你在貧困環境中長大，就去認

⑲ 作者註：〈鮑比・博恩斯如何成為鄉村音樂中最有權力的人〉，Brittany Hodak於二〇一七年一月六日刊載於富比士（Forbes）網站的文章。

識同樣貧苦出身，卻能創造財富，保持富裕，並且樂善好施的人。如果你的父母侍奉金錢而不是上帝，就去結交把金錢當工具幫助自己和他人家庭的人。我沒說這個過程簡單，但你可以做某些事情，改善生活。你不是注定要重複父母的錯誤，你可以學習新資訊、新行為，選擇培養新習慣。就是這點令人開心：你有能力為自己選擇你要侍奉誰。

恐懼將我們引向何方

也許這一章沒寫到你的金錢恐懼。倘若如此，請用我們在本章中談到的三個步驟面對。指出恐懼，專注於事實，並且主動求援。恐懼通常不會處理一次就永遠消失，是我們一生都會碰上的經歷。起初聽起來可能令人沮喪，但我們必須記住，恐懼是禮物。想想恐懼把我們帶向何方。我曾與暢銷書作家、教師和諮商師的奇普・杜德博士談過，他說：「恐懼是上帝賦予我們的感覺，不是罪孽。也許很可怕，但恐懼只是承認我們需要幫助。」恐懼引領我們走向上帝和其他人，尋求援助。

回顧這一章，你可以看到每一種恐懼都幫助你求援。這些恐懼環繞著我們身而為人都有的基本、普遍問題：

- 害怕擁有的不夠多往往是疑惑：「我安全嗎？」
- 害怕無法實現夢想往往是疑惑：「我的人生有意義和目的嗎？」
- 害怕沒有能力、受到外力牽制往往是疑惑：「我能相信自己嗎？」
- 害怕過去的錯誤往往是疑惑：「我能得到原諒嗎？」
- 害怕重蹈父母的覆轍往往是疑惑：「我是個失敗的人嗎？」

透過你與上帝和其他人的健康關係就能消弭這些恐懼。**照理來說，我們本來就不該獨自面對人生。**

克服恐懼的方法不是表現得更強悍。克服恐懼的方法是放下心防。克服恐懼的方法是說出來，所以要尋求援助！你的教會可以幫忙，你身邊有人可以幫忙，我們也可以幫忙！本書幫助你掌控你的錢，創造你熱愛的人生。不要讓恐懼控制你。擁抱它，接受恐懼為你的人生帶來的禮物。

輪到你了

1. 回顧底下的金錢恐懼清單，找出你有哪些，寫下來，從最大排到最小。

害怕沒有足夠的錢——「如果發生意外，我們的財務會出問題。」

害怕無法實現夢想——「時間不多了，我不可能完成渴望已久的夢想。」

害怕沒有能力——「我無法發財致富，因為我不夠聰明。」

害怕外力——「我沒辦法成功，因為世道使然。」

害怕過去的錯誤——「我永遠無法出人頭地，因為我犯了非常糟糕的理財失誤。」

害怕重蹈覆轍——「我害怕最終落得像我爸媽一樣。」

2. 對於每一種恐懼，請仔細想想上次的經歷。這種情緒如何阻礙你的創造力、限制你的選擇？

3.對於每一種恐懼，寫下相反的事實，在這個星期每天花點時間仔細想想你寫的內容。然後諮詢有同樣恐懼的人，瞭解他們如何處理並克服。

舉例如下：

我對金錢的主要恐懼是外力。我認爲我永遠不會出人頭地，因爲各種因素都和我作對

其實我可以掌控我的錢。我可以選擇如何規劃預算，如何花錢、儲蓄、投資。我也可以選擇在艱難時期持之以恆，永不放棄。盡其在我

4.如果你已婚，你們夫妻如何協力合作，共同面對你的恐懼？是否該談談哪些事情？如果你單身，可以找誰談談你對金錢的恐懼？

第7章

你如何應對理財失誤

我晚上愛做的休閒娛樂就是看電視放鬆。我可以看不用腦的實境秀、晚間新聞、Bravo或HGTV頻道。這件事很妙，因為有線電視在預算之中是不能商量的項目。溫斯頓不止一次對我說：「我們就不能做正常的千禧世代，上網看影片就好？」我就是沒辦法。對我而言，數位錄影機是我錯過節目的必備工具，此外我還能快轉廣告。有線電視給我許多選擇。

我的另一個興趣——多數人都很討厭——是政治。我當然喜歡現在的工作，但如果有平行時空，我會定居曼哈頓，擔任新聞頻道的政治記者，常去華盛頓特區做特別報導。（註：這件事永遠不會發生，所以不必擔心，溫斯頓！）我喜歡選舉季，也會收看所有報導。我可能是世上唯一喜歡看競選廣告的人。我收看每一場辯論，熬夜到凌晨等投票結果，我覺得很刺激。

朋友知道我熱愛有線電視和政治，所以最近推薦我看安東尼・韋納（Anthony Weiner）的紀錄片，他是發生過醜聞的前紐約州眾議員。幾年後，他競選紐約市長。朋友說這部紀錄片跟拍他角逐市長全程，以及宣傳活動的來龍去脈。整個競選過程中，攝製小組都可以自由進出，而且競選中期，韋納又面臨另一個醜聞。內容不堪入目，但不知為何，韋納讓攝影小組繼續跟拍。這部紀錄片即時拍攝整個醜聞爆發過程，也拍下他們夫妻和團隊試圖淡化、解決問題所做的努力。朋友保證，影片內容超級戲劇化。

所以某天下午，我趁女兒午睡時，決定觀賞這部紀錄片。我們的有線電視供應商有這部影片可以當成隨選視訊加購，費用是十九點九九美元，並不便宜，但是我決心要看！我們去電影院也要花這麼多錢，在家看還不必支付保姆費。我咬牙，把十九點九九美元列在預算中的「瑞秋」項目。不用說，我看了，的確很精采！我把這件事情拋諸腦後，幾週後才又想起。

某天晚上，我下班回家，溫斯頓已經在家。他正在廚房用手機通話，看起來很沮喪。我聽到他說：「不，我們不會付錢。你們幾乎每個月都來一次，每次都增加額外費用或抬高價格……這可不行。」

通話突然停頓，我小聲對他說：「你和誰說話？」

他翻白眼看我，低聲說：「有線電視。」

哦，我很清楚這類對話。溫斯頓和有線電視每年至少要為我們的帳單吵三次。他不斷沮喪地搖頭，大聲說：「不！我們沒有付費看『韋納』⑳！」

太可怕了！我瞪大眼睛看著溫斯頓，開始驚慌失措。我拚命點頭，「有！我有看！是我。片名好像很可怕，其實是政治題材！和某次選舉有關！」

溫斯頓聽到我突如其來的招認，頓了一下，然後怯生生地告訴客服：「抱歉，我搞錯了，其實我太太有租看『韋納』。」

我光聽到他說就覺得尷尬又激動。我開始大喊大叫，電話那頭的人才聽得到：「這是關於前眾議員角逐紐約市長的紀錄片！」

溫斯頓迅速掛斷電話，開始大笑。「寶貝，妳先前怎麼不告訴我？」他問。

我告訴他，我真忘了。況且——向我的自由奔放精神致敬！——誰會仔細地查看有線電視帳單？（我不是我們夫妻當中細心的那個人。）

你可以想像，這件事讓我們笑死了。

我為什麼分享這個故事？因為溫斯頓和我一起理財超過十年，我們還是會犯錯。事情就是會出錯，我們忘記先告知某項消費。人生不見得按照計畫進行，幸好我們就算犯錯，在情感層面或其他方面都不會付出太大的代價，因為我們處處留意。我們積極主動，一起定期商量理財。但人生偶爾還是不順心，也影響到我們的金錢和關係。

這個道理適用於我們所有人。我們每個人都會在金錢上犯錯，有時是小疏失，例如忘記簽支票、亂放現金或忘記按時支付帳單。有時是更大、更昂貴的錯誤，例如花太多錢買聖誕禮物，或買下你無法負擔的車。有些錯誤發生在你身上，例如有人算錯你的帳單。每個錯誤都需要回應，但多數人不會停下來思考他們如何回應，或這些錯誤對他們產生什麼影響。相反地，大部分人自動回應，或者因為他們自覺該這麼做。雖然不是所有理財疏失都會讓你損失慘重，卻有可能在人際關係方面付出重大代

⑳ Weiner有香腸的意思，暗示陽具。

價——無論是與自己或他人的關係。除了瞭解童年、反思兒時的理財課堂、辨識你獨特的理財習性、克服你的金錢恐懼之外，你還要瞭解如何應對理財錯誤——因為人非聖賢，總會出錯。

寬容尺度

想一想上次面對金錢錯誤，無論是你自己犯錯，或是別人犯錯卻影響到你，你的反應是什麼？你是否認定那也是沒辦法的事？你是否翻白眼，覺得惱火？你是不是糾結了好幾天甚至好幾週？

面對金錢上的錯誤時，我們的反應有時太過寬容，有時又太苛刻。當我們太過寬容時，寬恕和同情就會暢通無阻，但受傷的一方仍然覺得傷心，沒有人學會教訓。當我們太嚴苛時，就會出現責罵、生活太墨守成規，少了人性的溫度和謙恭的態度。你是哪一種人？請記住，根據情況不同，你可能時寬時緊。

寬容量表

太過寬容 ←→ 太過嚴苛

太過寬容

我們都希望得到別人的寬恕，跌倒時希望有人拍拍自己。我們犯錯時，喜歡找寬容以待的人。他們慷慨、溫暖、寬厚，非常有同理心和惻隱之心。但事情牽涉到金錢時，這種態度可能好過頭。

我們討論到面對金錢錯誤太過寬容時，切記，這不同於寬容罪孽。身為基督徒，我可以聽到弟兄姊妹說：「瑞秋，恩典無窮盡！」提到救贖時，這點的確不假，謝謝祢，主耶穌。但是論及我們對金錢錯誤的反應時，我們可能太過寬容，以致到頭來傷了相關人等。

太過寬容怎麼會傷到人？我將用寬容量表的兩個極端說明。顯然不是人人都會落入極端，但我鼓勵你仔細閱讀以下描述。棘手之處在於**多數人不知道他們對金錢錯誤的反應，其實會造成更大傷害**。因此，仔細閱讀並且誠實審視自己的行為。你可能會發現你無意間傷害了最愛的人。

太過寬容的極端是……縱溺。我知道這個字眼很難接受。寵溺者（enabler）是指「透過提供藉口，或讓對方逃過錯誤行為的後果，縱容另一個人繼續保留自毀的習慣㉑」。寵溺者不斷寬容身邊的人，一次次給他們機會。他們每次都相信自己幫助的人正在努力，下次會做得更好。他們一心想真正幫助人們，好好關愛對方。如果你看到狗狗過重，可以打賭飼主一定是寵溺者。他們甚至難以拒絕自己的寵物！

帳單遲繳，下個月又要加收滯納金時，他們會說「好吧」。滯納金開始越積越多，以至於他們沒有足夠的錢買生活用品，又會輕易拿出信用卡。他們說：「難免嘛！」他們相信下個月就會好轉。他們的容忍無止境，也不會糾正問題。

寵溺者為理財錯誤大開後門，可惜這往往對他們自己有害。他們沒有底線，很少採取堅定立場。最害怕傷和氣，更容易被別人佔便宜。他們也可能對過去的事情感到後悔，以致現在過度補償。

寵溺者一定要明白他們的協助不再是幫助，反而百害無一利，但他們往往很難看出這一點。在寵溺的狀況下，提供更多幫助就像任憑酒鬼喝酒。寵溺者其實是鼓勵、拖延病痛。要發現別人寵溺另外一方很容易，但我們必須先解決我們寵溺自己的問題。如果牽涉到金錢，一言以蔽之就是找藉口。

以下是我聽過人們開脫自己的錯誤的藉口：

- 「我過度消費是因為我不擅長計畫。」
- 「我積欠信用卡債務，因為我討厭我的工作，我需要度假。」
- 「我沒把某一筆消費告訴丈夫，因為我不想給他壓力。」
- 「我不能聽從你買房的建議，因為我住在加州。房地產價格實在是太高了。」
- 「我的行程很緊湊，晚上不能開車去當外送員，所以沒辦法兼差。」
- 「我壓力太大，所以今天晚上沒辦法做飯。我不在乎有沒有這筆預算，總之我

㉑ 作者註：韋氏線上英文字典（Merriam-Webster）二〇一九年對寵溺者的解釋。

回家路上順便去買外食。」

聽著，這些藉口都不能使錯誤消失，也不能開脫你的不良行為。如果你要找藉口，我也不想對你刻薄，可是三番兩次說「沒關係！人總會犯錯！」對你和你的預算都沒有幫助。為不良行為找藉口，會導致你無法累積財富，過上你夢想的人生。

如果這些例子聽起來很耳熟，可能不是沒理由。如果你一直寬容自己，我想告訴你，**沒有人是通則的例外**。我不是，你也不是。如果你想發財致富，你必須明智理財。你寬容自己不良素行的時間越長，財務漏洞就會越大，收拾殘局的時間越長。不要再給自己免罪金牌了。即使你在財務方面突然輕鬆許多，如果你還沒學會明智的理財習慣，你會搞砸這個珍貴機會，只能不斷重複歷史。無論如何，正視自己的行為最有利。朋友，該面對你的混亂了。你不會孤軍奮戰。我們有巨大的團隊，他們會支持你、為你打氣，我們有大量的資源可以指導你，但你必須做好自己的工作，沒有人可以代勞。

寵溺他人

「他很努力了。」

有位溫柔的女士向我敘述她的兒子。她的兒子和她同住，她在經濟上支援他。這種情況不見得永遠是壞事，但她又說了更多細節，才讓我驚覺不對勁。她的兒子不是四歲幼童，他已經三十四歲，十年前就輟學。從那時候起，他就和她同住，工作也時有時無。這個成年男子應該過著經濟獨立的生活，卻把母親的銀行帳戶當成個人提款機。

這個女人訴苦時，我心都碎了。她無法看到真正的問題，不明白她就是問題所在。她太寬容，從來沒讓兒子徹底獨立，無論是經濟或其他方面，她都沒要求他為自己的決定負責。雖然他外表是成年男子，其實還是需要媽媽幫忙擦屁股的小男孩。他從未承受自己抉擇的後果，也沒有學到更好的方法。

身為母親，我完全理解這個女人的糾結！母親對子女的愛不同於任何人際關係。子女名副其實就是靠妳才能活下去！尤其是對我們這些熊媽媽而言，無論孩子幾歲，我們都想護著他們。但是請從不同的角度想一想。兒科醫生暨作家梅格・米克（Meg Meeker）博士說：

如果我們教導孩子，他們真正需要的人是我們而不是他們自己，他們注定要失敗。明理的父母想方設法放手讓孩子失敗，才能教給孩子最重要的人生教訓：「你可以失敗，但爸爸媽媽永遠不會停止愛你。我們會告訴你如何重新站起來，再試一次。」如果你真想教孩子如何發財致富，就得教他們如何奮力挺過失敗㉒。

米克這段話是寫給幼童的家長，不過啊，也適用於孩子已經成年的父母。我們都需要犯錯，嘗到苦果，才能長成足智多謀的成熟大人。我們寵溺另一個人，就是阻礙他們的學習曲線，最後傷害到他們。

寵溺不僅限於父母和子女，可以發生在任何人之間，包括親友。我們很容易看到別人有需要就主動伸手幫忙，但驀然回首會發現你幫得太久了。我的朋友蘿倫說，她有個單身男性朋友財務出問題。他失業，有一個月無法支付房租，所以她幫他繳了。

第二個月，同樣的事情又發生，她真心樂意在他重新站起來的當口幫上這個忙。第三個月幫他繳了房租之後，有個共同的朋友告訴她，這個男人也向她求援。這種幫忙反而成了幫倒忙，因為這個失業的傢伙沒學著自助，拿多的錢去買不需要的東西。請注意這類狀況。寬容理財錯誤是好事，但太寬容會造成傷害。

我自己在寬容量表上的位置絕對接近這一端，我通常認定每個人已經盡力。我很有彈性，可以應對生活的波折。看到有人打破規則或犯錯，我不會驚慌失措。我認為他們會從發生的事情當中記取教訓，繼續前進，而且不會再重蹈覆轍。但隨著年紀增長，如果人們不斷重複同樣的錯誤，我會覺得不耐煩。所以我漸漸接近這個量表的中間，但是別人出狀況時，我仍然可能太過寬容。

㉒ 作者註：〈女孩和智謀（上）〉，西西．高夫（Sissy Goff）二〇一七年九月二十八日刊載於「扶養兒子和女兒」部落格的文章。

第三方寵溺者

繼續往下討論之前，我們還需要談一談另一種寵溺：你所愛的人就是寵溺者。很多人都碰過這種事情，可能難以消化。也許父母正在寵溺你的成年手足，或是你的兄弟姊妹寵溺他們的孩子。看著你所愛的人被利用很難受，而且他們甚至毫無所覺。

我有個朋友的媽媽多年來一直幫兒子（我朋友同母異父的哥哥）收拾爛攤子。因為這位媽媽很年輕就和第一任丈夫離婚，多年來一直愧疚於這件事對兒子的影響。如今朋友的哥哥已經四十多歲，一直要求媽媽提供更多協助，即使她自己並不富裕。這種情況持續多年，我當然可以理解朋友對哥哥的不滿，但我希望她明白的是這不能全怪她哥哥，**她媽媽也有責任**。這個認知可能讓她難以接受，那麼她該怎麼做呢？

要對這種狀況提供建議很棘手，因為情況複雜，原因眾多。有時你的任何評論都不妥，有時，你身為局外人的指導和引領則能帶來真正有幫助的見解。但在你說出心聲之前，必須清楚知道：**你無法改變其他人**。請好好沉思這一點。雖然你可能因此感到沮喪，然而他人的行為不是你的責任。你不能也不應該控制別人的人生，這不是你所能掌握。起初你會覺得憤怒，其實這才能讓你找回自由。

一旦你明白自己無法改變任何人，就知道你只能提供意見。如果你決心坦率地對這位寵溺者說出心聲，提醒自己，你對結果的期望必須合理。俗話說得好：你可以把馬牽到水邊，但沒辦法逼牠喝水。就因為你說出真相，不代表情況會有所改變。可能會，也可能不會。如果沒改變，振作點，這不是你要解決的問題。不要再糾結了，自己加倍努力賺錢致富，立志成為好榜樣。為他們祈禱吧。如果你對這個情況感到憤怒或恐懼，請專注於解決這個問題，鬆手放開。如果你不知道該怎麼做，請尋求專業諮詢師的協助。你個人絕對可以發財致富，也不必對別人理財的方式感到憤怒和恐懼。

無論你是寵溺自己或別人，你都有辦法停止找藉口，想辦法在寬容的量表上找到平衡。讓我們來看看這些措施。

找到平衡的最初措施

如果你太寬容自己或別人的理財錯誤，那麼第一步就是認知這是個問題，這一步可能最難。當你縱容過頭時，很難意識到你的行為就是問題所在，你必須承認這一點。如果你不知道自己是否縱容自己或別人，可以問問身邊值得信賴的人，也許有人早就對你說過實話。如果沒有人說過，就問一個願意說真話又值得信賴的朋友。如果姊姊本人就寵女兒，不要問她。找一個大家都覺得夠明智的人。一旦你知道自己縱容某人，就得下定決心改變。

如果你有寵溺的問題，**第二步是設定界限、然後加以遵守**。如果你金援家人太久了，或者成年子女搬回來同住，短期之內不覺得他們會搬出去，你需要設定界線，告訴他們。對你願意做的事情設下界限；設定願意幫忙的截止日期，以及你期望有何回報；清楚地說明你期望落空的後果。這些對話可能尷尬又難以啟齒，但絕對必要，不只為了你自己好，**也是爲了對方著想**。你希望他們自立自強有尊嚴，如果你永遠都當他們的墊背，他們永遠沒辦法獨立。

如果你一直縱容自己，就把持續做錯的事情、導致犯錯的原因寫下來。然後制定計畫，當犯錯的原因再次出現，你會採取哪些不同的做法。舉例而言，如果你一天過得很不順，就想上網購物，那麼就找個可以約出來喝咖啡的朋友，接著找一個人負責監督你的新行為。

我們將在第9章深入討論健康界限的具體細節。我先提醒你，這一章泛指極端狀況。如果你子女剛剛畢業，要在公寓租約開始前搬回來住三個月，我完全支持。在這種狀況下，你自然會有某些界限，而且這也不是長期問題。如果你縱容糟糕的財務行為一而再、再而三地發生，就有必要改變了。

太過嚴苛

寬容量表的另一端就是太過嚴苛對待理財錯誤。同樣地，為了簡明起見，我也用極端狀況說明。在這種狀況下，太過嚴苛就是過分死板。如果說寵溺者破壞規則，那麼過分死板派就是恪守規則。他們喜歡規則。對他們而言，所有的事情只有對錯、黑白。

我的朋友有一天在得來速餐廳為她的大家庭買午餐。她回家之後發現餐廳少給四樣配菜。她仔細檢查收據，果然付了每道菜的款項，也包括沒拿到的配菜。朋友很生氣，她氣自己開車離開前沒檢查食物，也很氣餐廳犯錯。她的家人不介意——他們滿意她帶回家的外食——但我朋友卻吃不下。相反地，她仔細看過收據之後，打電話向餐館抱怨，開車去領她的八美元退款，經理找出錯誤時，她非常不高興地在旁邊等。

第二天回想這件事，她不得不對自己搖頭，她知道自己反應過度。金錢方面發生失誤嗎？是的。損失大嗎？從經濟層面而言，並不大，但她氣成這樣，傷到自己。在這種狀況下，如果寬容以待會更好嗎？當然會。經驗告訴我，如果她表現得更有風度，可能會拿到退款和一頓免費餐點。

如果你太過嚴苛，就是非常在意誠信和做事的正確性。這點令人欽佩，也至關緊要，但過分死板派可能做得太過火。他們在追求正確的過程中犧牲了人和人際關係。在這件得來速事件中，我的朋友對自己太苛刻，對那些忙著在晚餐高峰期為她準備餐點的青少年也太苛刻。過分死板派有時會忘記效率不是最理想的境界，愛才是。

我們當然需要原則和規矩，否則我們的世界就會混亂無章。但是有原則不等同於死板，你可以具備強大的原則，卻不拘泥於規則。例如我全心全意相信「循序漸進法」，溫斯頓和我每天都照做，這就是有原則。過分死板是不肯憐憫錯誤或誤會，如果只重視規則，沒有關愛、協商或體諒，過分死板的態度就會悄然出現。

如果你比較傾向於過分死板，就很難寬容原諒，因為對你而言，做得對比關係更重要，即使是對你自己。我認識的某位諮商師說過，「你要強調正確，就不要想結婚。」這也是同樣的想法。你恪守原則，而且「不該做錯」，以致不肯放過自己（或他人）。堅定相信原則不會讓你過分死板，但注重對錯更勝於人際關係，注重服從更勝於關愛，注重一板一眼更勝於同理心，那就是過分死板。

不肯寬容之所以令人心碎，是因為人們對自己非常、極度苛刻。我有些好友就把自己放在這一端，他們常提到他們對自己的批評多麼嚴厲。如果沒達到不可能達到的高標準——這是必然的發展——他們的世界就會崩潰，對自己的撻伐更激烈。當他們犯了金錢上的失誤，便會不斷自責，心想：我眞蠢，爲什麼那麼做？

所以我們得停下來再說一次：人非聖賢，即使是你也不例外。理財失誤就是會發生，你不可能每次都百分之百做對，就是不可能。如果你在理財失誤方面是過分死板派，更要徹底接受這一點。你的理智與情感都要明白，如果你不斷反芻自己的錯誤，人生就會漫長又艱苦。

我們都會失敗，但這並不表示我們是失敗的人。我們在第6章談過，兩者之間有莫大區別。每個人都可以說：「我失敗了」但「我是失敗的人」是謊話，目的是讓我們停下腳步。如果你明白錯誤就是會發生，你不會因此成為壞人或失敗的人，你的反應就會不一樣。你會看到錯誤的本質，然後你會重新振作，拍掉身上的灰塵，再試一次。

嚴以待人

我記得某位女士在我演講過後向我走來，神情悲傷。她開始敘述丈夫如何在經濟層面不忠，隱瞞消費，而她在前一天晚上才發現。我為她覺得痛心。

我開始想像逾期付款通知和辦理破產，好吧，我似乎想到最差的狀況。發生這種事情時，不知情的配偶覺得深受背叛。信任被打破，溝通更加失敗。情況惡劣！所以我很同情她。

我又追問了幾個問題，才更能指點迷津。她說：「對，他上週去了三次『福來雞』㉓，卻沒告訴我。」

我看著她的表情是**妳開玩笑吧**。第一：那可是耶穌雞（福來雞的別名）。第二：他可能忘了！金額大概才二十五美元，她說得好像她要和這個可憐蟲分居了。

那些過分死板的人嚴以律己，對別人也同樣苛刻，而且往往見樹不見林。只要違反規則，就是**違反了**——無論金額是二十五美元或二萬五千美元。我再說一次，立意令人欽佩，我也肅然起敬，因為誠信和做正確的事當然重要。如果你就是這種人，請聽我說：和你一起生活可能很難捱。

如果你身邊有過分死板的人，你就知道這種日子有多辛苦。無論你多努力，你覺得永遠達不到標準，無法得到他們認可，你永遠搆不到讓他們滿意的標準。令人沮喪的事實是，過分死板的人反而會讓他們最愛的人備受打擊。

過分死板的人在某些條件下才願意付出關愛。對這些人而言，對方妥善地履行職責，他們才會付出愛和感情，作為循規蹈矩的回報。如果有人沒有達到他們的超高標準，他們就會抽身離開，不再付出關愛。基本上而言，這種心態有問題，因為沒有人

㉓ Chick-fil-A，美國炸雞漢堡連鎖店。

十全十美。我曾經聽到一個二十出頭的年輕人說：「如果有人傷害了我，我就徹底遠離這個人。沒有例外。」這個人顯然曾受過重創，如果他真的貫徹這句話，就只能孤獨度過餘生。沒有人能夠達到他的標準——甚至他自己也辦不到。

過分死板的人還有一點很辛苦，就是批判他人，他們常常不明就裡就迅速決斷。如果你看到有人開新車，可能會自動聯想，**哦，他們一定是貸款買車，眞糟糕**。或者你看到朋友在社群媒體上發布他們在歐洲度假的美麗照片，你馬上想到，**太奢侈了，他們可能用信用卡分期繳付所有費用**！你根本不瞭解對方的生活細節。我十幾歲時，如果批評別人，父母會說：「瑞秋，妳的全職工作就是管好自己，不要再管別人做什麼。」即使你料中了，即使有人借錢消費，你也沒有擔心的義務——因為不關你的事！

向寬容靠攏

你可能馬上就知道自己對金錢錯誤太過嚴苛。如果不確定，可以問問信任的人，他們怎麼看你。這麼做可能會讓你覺得很受傷，而且你必須坦然接受誠實的回饋，但這可以幫助你瞭解別人對你的看法。

如果別人認為你太苛刻，我鼓勵你花時間省思哪些事情導致你有這種反應。身為基督徒，當我走到這個極端時，那就是我在某個方面停止信任上帝時。那時候，我對自己施加太多壓力，只為了解決（或控制）某個情況。反思你在這個量表上的位置，可以幫助你看到哪些是你所能左右，哪些又是由上帝控制。

碰到理財錯誤時——尤其是小過失——提醒自己不要太在意。人生非黑即白的看法對任何人都沒有好處，那太狹隘了。這種看法限制你的人際關係，也阻止你寬容自己和他人。重點是你要學會繼續前進，不要讓金錢的錯誤界定你這個人或你與他人的情誼。學會稍微放鬆可以讓你的人生更愉快，甚至更幸福。

如果你比較像是過分死板派，那就練習寬容，即使你認為對方不值得。方法很多。選擇你始終苛刻相待的人，退讓幾步，允許對方有犯錯的空間。如果你已婚，你可能想選擇配偶。通常夫妻中只有一個人（咳咳，按部就班型）堅守預算和理財規則，就這樣。如果自由奔放型的配偶偶爾犯錯，與其糾纏不休，不如簡單說，「沒關係，可以寬容。」不要覺得自己被得罪。如果這個錯誤一再發生，那就好好談談，光是原諒這個過錯就是好開始。

另一個練習寬恕的方法是捫心自問，剛發生的事情在五年後是否還有影響。如果我的孩子用麥克筆畫了我的新椅子，我可能會傷心或沮喪，但那只是一把椅子而已。配偶在學習預算的頭幾個月超支買雜貨不是世界末日。忘記按時付帳單的確不理想，但五年後你就不會記得這件事。即使是更大的錯誤，好比買了一輛你買不起的車，也可以在五年之內還清。練習寬恕，放下過去的錯誤。生活在通情達理、寬宏大量的環境中，人生更愉快。

既然前面已經探討太寬容或太苛求金錢失誤的情況，我想討論如何在兩者之間找到健康的平衡。

第8章

發生金錢失誤時的最佳應對方法

身為母親，如果孩子在隔壁房間，我又聽到有東西落到地上，就會胃部一陣翻絞。這種事在我們家常發生，因為我們的孩子還小。發生這種事時，我真的有預感，知道下一刻就要立刻行動。我會衝到隔壁，發現害怕的孩子嚎啕大哭，需要安慰。我可能要收拾殘局，安撫受傷的心靈。

這時我知道，出於關愛，我必須網開一面。無論對幼童或大人而言，犯錯都很痛苦，我們都需要得到寬恕和同情。但同時我也需要讓孩子在錯誤中學習，例如我一邊找冰袋冰敷瘀青的膝蓋，一邊提醒孩子不要爬上流理台。要達到平衡可能很難。

不久前有則故事，主人翁是一對債台高築的四十多歲夫妻。他們的收入頗豐（超過十五萬美元），卻沒有存款，還有幾十萬美元的債務㉔。每個月一拿到收入就拿去還債，而且他們甚至還沒開始償還太太的學生貸款。他們只能到舊貨店購物，否則買不起，除非從十一張信用卡當中選一張支付，這就是他們為兒子買畢業舞會西裝的做法。狗狗生病時，他們沒有現金讓牠安樂死，只好先拿出信用卡代墊。（想像下個月收到帳單的情景，多麼令人心碎！）

有意思的是女方父母已經幫過他們一次。儘管她的父母手頭並不寬裕，依然動用退休儲蓄，拿出一大筆錢幫忙還債，只留下學貸給這對夫妻。他們對女兒和女婿展現寬容大度和憐憫心，結果呢？丈人和丈母娘如此寬宏大量，卻沒導正他們。這對夫妻沒有學到教訓，也沒改變行為。他們很快又在同一顆石頭上絆倒，這次更糟糕。他們非常尷尬，只能隱瞞女方父母。想像他們帶著罪惡感和羞愧參加家庭聚會，心情有多沉重。

女方父母一定認為，償還債務是幫了女兒一個大忙。令人心碎的現實是，他們只是把部分退休金丟進水裡。長遠來看，完全沒幫到這對夫妻。

恩典與真理

當我們面對理財錯誤時，寬恕量表耐人尋味之處在於指出讓我們保持中庸的兩點。寵溺指向**恩典**，過分死板指向**真理**。我們兩者都需要，才能妥善應對金錢方面的錯誤。

我們在盛怒之下面對錯誤時，往往很難拿捏該寬容幾分，又該糾正幾分。要記住的簡單標準就是「將心比心」。先別急著翻白眼，請試著設身處地為對方著想，想想你希望別人如何對待你。

先前溫斯頓和我存錢買一輛全新的廂型休旅車。那晚我從車行開回家，想到以後一家五口的交通更方便就覺得興奮。第二天，我準備載老大去幼稚園。我坐進新車，滿心歡喜打算開車。我把車開出車庫時，聽到一聲嘎吱響。我心一沉，立刻停車，可能還飆了一、兩句髒話，只能祈禱女兒沒聽到！我害怕地下車查看損毀情況。

㉔ 作者註：〈債務：一個愛情故事〉，Wealthsimple於二〇一八年十一月六日刊載於「Wealthsimple」線上雜誌。

顯然車庫的門沒全開啟，廂型車頂部撞到了車庫門底部。你知道汽車頂部從前面延伸到後面的突起物嗎？我後來知道那兩道不只是裝飾——裡面竟然有衛星、定位系統和無線電天線？車庫門底部顯然直接刮掉突起物，還刮到車頂。車庫地上都是這些小晶片。狀況慘烈，我們擁有這部車不過才一天。我簡直不敢相信。我進出車庫這麼多年，為什麼現在撞到？為什麼是這一天？

溫斯頓正在上班，但我不得不告訴他。我不想打電話給他，因為我很氣自己。而且這輛車才開了一天！老實說，這種事情就不會發生在溫斯頓身上。他有條不紊，不慌不忙。我就像要開車離開車庫的賽車手！我知道他在開會，所以我傳簡訊：「呃，我可能弄壞廂型車了。」

他回簡訊，詢問有沒有人受傷。

「幸好沒有，」我說，「如果車頂的突起物不算人——因為那東西毀了。」他回覆：「沒關係，開去修就行了。」

當天晚上，我問他為什麼沒有更沮喪，他說：「我們都會犯錯，如果是我，就希望妳能有這種反應。」

如果你是一週去三次「福來雞」而忘記告訴妻子的丈夫，你希望別人怎麼對待你？當你是罪犯或原諒你？如果你是那個仍然住在家裡，靠媽媽撫養的成年兒子，怎麼做才對你最好？雖然成年了，卻繼續依賴媽媽？還是學著自力更生，打理自己的金錢和人生？想一想你希望別人如何對待你是立見分曉的解決辦法，可以幫助你決定如何因應理財失誤。

恩典和真理造就良好的界限

我們談過寵溺和過分死板的差別，有意思的是兩者有個驚人的相似之處，都是缺乏界限的證據。亨利・克勞德博士在大衛・藍西秀的訪問中說，界限就像住家周圍的界址，劃分你家的盡頭與鄰居家的起點㉕。這些界限說明你能控制什麼，什麼又不歸你管。違反界限——侵犯別人的土地——只會傷到他人。你希望別人入侵你的領土

㉕ 作者註：「克勞德博士談設定界限（上）」，大衛・藍西二〇一四年一月二十一日發布於「大衛・藍西秀」YouTube頻道的影片。

嗎？寵溺行為和過分死板就是逾越界限。

即使最業餘的園丁也知道，種瓜得瓜，種豆得豆。今天的行為直接影響你的未來。如果你種花生，就會得到花生。如果你種下不良的選擇，只能收穫惡果。如果你一直闖進別人的花園，挖出他們的不良後果（寵溺），他們永遠沒有機會從錯誤中學習。又或者，因為你天性愛控制，就告訴他們花園該選在哪裡、該種什麼、何時種，又該如何修剪每一根莖枝（過分死板），他們永遠不會學會為自己做決定。無論是哪種方式，這都是妨礙對方成為成熟的大人，因為你奪走他們從錯誤中學習的能力。

我們常給錯誤貼上壞標籤，其實錯誤是我們的老師。錯誤即時為我們提供準確的回饋。它們教會我們如何嚴謹地思考，如何解決問題，如何變得更好。我們面對自己或他人的失敗必須處之泰然，這樣才能精益求精。發生理財錯誤時，我們的考驗不是責怪自己或別人，而是對這個錯誤抱持好奇。這個錯誤教會你什麼？什麼原因促使你做出這種選擇？你需要進行哪些溝通？你需要停止做什麼？你需要開始做什麼？當你用恩典和真相（grace and truth）對應金錢上的錯誤，就會明白，錯誤對每個人而言多麼重要。

健康的界限是什麼模樣？

恩典和真相造就健康的界限，健康的界限則通往健全的關係和富足的人生。這在現實中又是什麼模樣呢？恩典和真理並重的人願意提供幫助，但不被結果左右。別人的錯誤不會讓他們的世界天翻地覆。他們明白也能坦然接受事實，就是他們只能控制自己，控制自己的思想和行為。他們的任務不是糾正別人或幫別人收拾爛攤子。他們多半更謙遜、更平靜，更有智慧。

以下我就用人們常問我的問題舉例，說明恩典和真理：就是你深愛的人向你要錢。切記，無論對象是誰，原則都一樣。情況如下：你已婚，三十多歲。你們夫妻都有工作，育有兩個年幼的孩子。媽媽最近向你傾訴，她和你爸爸——兩人都五十多歲——陷入重大的財務困境。媽媽當了多年的老師，即將退休，爸爸十八個月前失業。他一直找工作，卻始終沒找到。因為他們債台高築，現在已經用完積蓄，還積欠好幾次的重要債務包括房貸。她淚流滿面地告訴你事情經過，你聽了覺得天崩地裂。你知道他們手頭很緊，但一直以為他們還算收支平衡。現在她請你幫忙，免得失去房子。你該怎麼辦？

第一，先深呼吸。發現父母陷入財務危機，可能會顛覆你的世界，因為這與你先前的認知天差地遠。我們提過，你要知道他們的理財錯誤不是你的問題。你可能覺得難以接受，但這就是事實。我知道你愛你的父母，竭力想幫他們，**但你沒有責任拯救他們。**認知這一點，才能幫助你做出更好的選擇。

第二，如果你正在進行「循序漸進法」一至三步，你要知道自己沒有能力在經濟上幫助任何人。就像飛機遇難，你得先戴好自己的氧氣罩，才能幫人。先為你的家庭建立堅實的財務基礎，才可以考慮是否以及如何幫助別人。在實施「循序漸進法」第一到第三步期間，我鼓勵你和父母談論你自身的狀況。告訴他們，你也正在整頓財務，所以你沒辦法在經濟上幫助他們。相反地，請他們和你一起執行「循序漸進法」。對他們而言，其實學習新知和重建財務狀況永遠不嫌晚。有一對八十多歲的夫婦，他們剛還清所有債務，徹底扭轉經濟狀況。你的父母辦得到，即使不給錢，你也可以鼓勵他們，為他們加油打氣。

第三，如果你有能力提供金援——表示你已經在「循序漸進法」第四至七步，你們夫妻必須一致同意你如何提供協助。這一步非常重要。如果你和配偶無法達到共識，不要一意孤行。不要因為幫助別人解決他們的錯誤，就拿你的婚姻冒險。如果不能一起想辦法幫忙，就要努力理解伴侶的觀點。無論做出什麼決定，都應該讓你們夫妻更親密，而不是讓你們有隔閡。如果你單身，顯然不需要與另一半達成協議。但是，請考慮找一個客觀的第三者聽聽你的想法，他們可以幫助你釐清各種選擇。

第四，制定明確的計畫，鉅細靡遺地與父母溝通。有時給父母錢，並不會造成長期傷害。有時，你的幫助需要附加先決條件。例如，你們夫妻決定幫忙父母繳三個月的房貸，只要他們去財務安定學習中心制定計畫，他們存多少，你們就給多少現金當應急預備金。關鍵是提供長期的幫助，而不是寵溺出不知悔改的有害行為，害他們繼續沉淪。他們需要學習如何規劃預算，需要學習償還債務的最佳方法，需要知道如何控制自己的錢。

一旦確定了計畫協助的金額、時限和期望，就要明確、和善地溝通，而且可能不止溝通一次。用白紙黑字寫下所有內容，總之所有人都要有共識。我知道聽起來可能很瘋狂，但在這種情形下，鉅細靡遺地重複溝通有其必要，也才明智。明確、溝通過的界限是人際關係中的最大福音。

第五，檢查他們的進度。他們有沒有履行承諾？如果有，太棒了！請繼續鼓勵，並為他們的進步喝采！如果沒有，你必須點出你看到的情況，讓他們實際看到後果。我知道這麼做很痛苦，你好像成了他們的爸媽，但這是幫助他們得到更好的資訊，對他們的金錢做出更好的決策。

想像一下，如果女方爸媽要求那對債台高築的四十多歲夫妻學習新的理財習慣，而不是只幫他們收拾爛攤子，他們現在的生活會是什麼模樣。想像一下，如果他們學會規劃預算、不再積欠新債務，就不至於落到今天的田地，而且還是第二次！要求別人付出努力不是懲罰，他們才會真正成長。健康的界限並不刻薄，你可以受到保護，從長遠來看，你想援助的人才能真正得到幫助。

我碰過的恩典和真理

有些關於我父親和我們一家的謠言非常搞笑，說我們教人用現金支付，自己卻照樣用信用卡或最近才宣布破產。我捧腹大笑，因為散播這些謠言的人顯然不瞭解我們。

其中有一個我最喜歡。爸爸的員警朋友有一天笑著打電話給他，「大衛，有人告訴我，你繳不出貸款，蝮蛇跑車（Viper）被收回了。」

「哦！」我爸說。

他的朋友說：「慢著。你說『哦』是什麼意思？」

我爸回答：「我都不知道我有蝮蛇跑車！」

讀者朋友，如果你本人認識我們一家，就知道我們深信「循序漸進法」。我相信我所教授的理財原則，那些原則就代表我。我全心全意相信那是所有人最佳理財方式。事實上，因為我深信不疑，幫助別人瞭解這些原則，並且鼓勵他們恪守這套原則，就是我的使命。但我可以告訴你，即使我對我們的理念有百分之一千的信心，也不會讓它影響我與別人的情誼。

溫斯頓和我在金錢方面有志一同。但我已經學會，別人不遵守「循序漸進法」，我也不會不開心。如果朋友餐後掏出信用卡付帳，我不會批評她，不會抓狂，也不會訓斥她。事實上，你不會料到這種情況有多常發生。

信不信由你，藍西大家庭的多數成員並不遵守「循序漸進法」，有時，他們看我們的眼神彷彿我們長了四個腦袋。我的世界因此天翻地覆，我對他們的觀感有任何改變嗎？一點也沒有。我深愛他們，希望他們一切安好，但我只對自己負責。我們會一起度假、慶祝，共度美好時光，但我不會有任何批評。希望你也做得到！按照恩典和真理生活，設定健康的界限，朋友，這就是自由。

第一部就此結束，但我希望你仔細思考如何改善你對理財錯誤的反應。苛求自己和他人沒有用，太寬容也不行。為了得到最好的結果，你必須找到方法結合恩典和真理。在下一個金錢錯誤發生之前（因為一定會發生！），想辦法做到。如果你現在就願意做，碰到理財錯誤時，就能好整以暇，無論財務或關係都可以補救，回歸正道。

輪到你了

1. 當理財錯誤發生時，你的第一直覺是太寬容或是太嚴苛？

2. 你最近犯的理財錯誤是什麼？如果一是無視問題（寵溺），十是不留情面（過分死板），你覺得自己在寬恕量表上的落點是什麼？

3. 想想配偶、關愛的人或摯友犯下影響你的理財錯誤。分數同樣是一到十，你對他們的寬容又落在幾分？

4. 想一想你與父母、手足、子女和摯友的關係。你對他們感到不滿嗎？如果是，你應該把更好的界限設在哪裡？放手做吧！建立健康的界限是你能為自己和家人所做的最好事情。

第二部

探索你用錢做哪些事情，原因又是什麼

第9章 促使你花錢的原因

本書第一部探討你的個人理財心態──你兒時的理財課堂、獨特的理財習性、對金錢的恐懼，以及你如何應對理財失誤。現在我們要看看你如何將這些資訊運用在你的金錢上。

溫斯頓和我教孩子理財常識時，使用三個簡單原則：捐獻、儲蓄和花費。所以他們賺到的每一塊錢，都要捐出一些，儲蓄一些，花掉一些。其實你想想，我們每個人也都用錢做這些事情。有意思的是，捐獻、儲蓄和花費的三個簡單原則卻不簡單。雖然算術非黑即白，我們行事的動機卻可能介於灰色地帶。所以我們接下來會分三個部分，深入探究每個原則，理解你為什麼用現在的方式花錢、存錢、捐獻。這一章就從你為什麼用這種方式花錢開始。

你為什麼買這些東西？

這是既定事實：我們都得買東西。花錢是我們在當今世界的生存方式。但你有沒有停下來問過自己，為什麼你會買這些東西？當你繼續探索你理財的方式時，捫心自問的最重要問題是：什麼原因促使我有這筆消費？

想想你買的衣服，你需要開的車，你屋裡的家具，你孩子的玩具，你的假期，甚至你在商店買的食物、你在哪家超商購物。你為什麼要買這些東西？哪些因素促使你決定消費？這真是你想要的東西？還是因為別人會怎麼想？以下是消費量表。

消費量表

熱愛你的生活 ←→ 讓人刮目相看

你熱愛自己的生活，就會根據對自己和家人最有利的因素做選擇。你愛的是別人的生活，就會以別人的看法做選擇。在這種狀況下，為自己花錢並不自私。為你自己花錢表示忠於你獨特的目的和價值——什麼因素能打動你，什麼因素對你很重要，你能帶給世界哪些獨特的禮物。同樣地，這個量表也不是完全不變。人類會隨著時間改變，五年前的你可能與今天的你不一樣。

審視自己的生活時，想想你在消費量表的落點。別人看到你購買的東西，並且加以評論時，你是否更滿意？還是你這筆消費純粹為了自己開心，因為對你和你的家人有用？你怎麼知道？意想不到的事實是兩人可能買完全相同的東西，對甲而言是健康的消費，對乙則是不健康的購買。他們可能都存錢，付現購買。就這個狀況而言，重點不在於買了什麼或如何購買，重點是爲什麼買。

對我而言，寫到這章讓我頗慚愧，其實我常常因為錯誤的理由而消費。我很容易陷入這種消費模式，買東西只是為了讓人刮目相看，或覺得買了會開心。我告訴自己，我真的需要買上班穿的襯衫，其實我的衣櫃裡已經有很多襯衫。

當你考慮自己在消費量表的落點時，也回想一下先前在其他量表的位置。如果錢對你而言代表身分地位，而不是安全感，你往往會落在消費量表「他人」那端。就算你是存錢型，在這一章也不見得安全過關——你仍然需要反思消費背後的動機。如果你有富足心態，可能更容易花錢卻不考慮後果。如果你的父母過於注重物質，你擔心最後會像他們一樣，可能會在消費選擇上反應過度，自動討厭別人喜歡的東西，只因為它很時髦。第一部提到的個人理財心態與你如何花錢有很大的關係。

崇尚別人的生活

很久很久以前，我不相信自己在乎別人的想法，事實證明我很在意。溫斯頓和我帶孩子們出去吃飯時，我很擔心別人看到孩子的行為，對我們的養育方式品頭論足。我希望孩子可以安靜地坐著，直視服務生，點菜時會說「請」和「謝謝」。我認為這套高標準的動機純粹，我以為這是為了讓其他客人不受打擾。若真如此，事情不順利時，為什麼不高興的人是我？我會非常沮喪，甚至覺得尷尬。

當我開始反思行為背後的原因時，發現帶孩子去公共場合時，我很不自在。當然，沒有人想和吵鬧、不守規矩的孩子在一起。但是，當我反思自己為什麼煩躁時，我意識到，我希望別人認同我這個家長。我的行為背後的動機——我的原因——不正確。

這是重大的體悟。當時我必須決定哪一點最重要。我的目標是讓孩子學會禮儀、尊重他人，提高自制力。這是為了他們好，而不是為了得到陌生人的認可。一次外食不順利（當然會發生，因為我們的孩子不是機器人）眞的無所謂。

陌生人是否認可我的育兒方式很重要嗎？不重要——因為那種認可沒有任何意義。我們任憑孩子像野生動物般在餐廳狂奔嗎？當然沒有。但是我的動機和態度已經改變，我現在還沒做得那麼完美，但我意識到自己的原因，當我的動機不純正時，我會努力修正。

其實尋求他人認可，也不全然不好。當我和奇普・杜德博士談起這個問題，他說：「歸屬感（need to belong）和存在意義（need to matter）是人類最強大的兩種需求。上帝造人的目的是要人找到歸屬感和存在意義，否則我們就會被他人的意見所控制。」因此，歸屬感的需求——得到他人認可——本身無錯之有。從我們如何養育子女到我們開的車、穿的衣服、攝取的食物，我們都希望得到認可，希望人們認為我們有成功的人生。這是人類處境的一部分。但是如果不謹慎處理，我們對歸屬感的渴望會影響我們花錢的方式、購買的品項，最終傷害到我們。

就像先前探索的許多習性，物極必反，我們必須加以防範：太在乎別人的想法。當我們的消費受控於他人的意見，我們就會吃虧，錢包也會損失。我們不能讓歸屬感和取悅他人的欲望左右我們的決策。有自我覺察的成年人想發財致富，別人的看法就沒有自己的價值觀來得重要。

對人的恐懼

父親說，破產給他帶來的最佳意外禮物就是消除了他「對人的恐懼」，也就是太在乎別人的看法。一旦你跌到谷底，一無所有，你就不再關心其他人的想法。我舉個例子。

父親向來喜歡車子，破產之前買了一輛很美的「捷豹」。他現在會告訴你，他之所以買那輛車是為了讓人刮目相看。他希望別人認為他是成功的大人物。

快轉到今天，我爸仍然愛車。但現在買車（當然是用現金），他不在意有沒有人注意到，或因此看重他。他對人的恐懼已經消失。他為自己買車，因為他喜歡車，而且買得起。現在他花錢是為了他自己。

對人的恐懼是因為想打入小圈圈，想跟上流行或讓人欽佩的病態想法。對人的恐懼會讓你說出這樣的話：

「我要買一輛無法負擔的豪車，別人才會覺得我很成功。」

「如果她用那種嬰兒車，我就非買不可。」

「如果我揹那個皮包，人們會認為我很成功。」

「如果他今年要買房子，我也應該買。」

「他們每年都去迪士尼，我們也該去。」

「如果我有那麼大的戒指，其他人就會對我刮目相看。」

對人的恐懼是根據他人的想法或行為，為你的生活做出選擇，這是永無止境的消費循環。我們誤以為擁有好東西，就能得到認可和接納，但「流行」和時尚不斷變化。新車上市，家飾的趨勢改變了，時尚的東西會過時。總是有新的手機、新的手錶、更漂亮的行李箱、更有異國情調的假期，以及密度更高的床單。你永遠無法越過得到認可的終點線，因為終點線不斷移動。想到就累！

這種生活到頭來會被掏空，因為你想在人們和物質中尋找價值和身分，但他們給不了。享譽國際的牧師暨作家亨利・盧雲（Henri Nouwen）說：

只要我不斷到處問：「你愛我嗎？你真的愛我嗎？」我就把所有的權力交給世界，讓自己窒礙難行，因為世上充滿「如果」。世界說：「是的，我愛你，**如果**你長得好看、聰明、有錢。我愛你，**如果**你有良好的教育、良好工作、豐富的人脈。我愛你，**如果**你的產能很大、賣得很多、買得很多。」……這個世界的愛是有條件的，而且永遠不會變。只要繼續在這個愛是有條件的世界尋找真我，我就會一直「受制於」這個世界——試了又失敗，一試再試。這個世界會助長癮頭，因為它的愛不能滿足我內心深處的渴望[26]。

㉖作者註：《浪子回頭：一個歸家的故事》（The Return of the Prodigal Son: A Story of Homecoming）第四十二頁，作者為亨利・盧雲，一九九二年由紐約州紐約市的道布爾戴出版社（Doubleday & Co., Inc.）所出版。

無休止的「如果」和不斷追尋他人的認可是行不通的。你終究會筋疲力盡，感到茫然，過著不屬於你的人生。最瘋狂的是，你所追逐的東西甚至從一開始就不存在。

就這樣？

我們沒有的東西，身邊的人都有——我們的家人、朋友，以及我們在社群媒體上滑過的所有內容。我們看到那些東西，很容易就覺得自己也需要，或是也值得擁有。但我們常忘記，多數人的生活都入不敷出。

我很喜歡《六人行》，這部一九九〇年代的經典情境喜劇講述六個在紐約市生活的二十多歲年輕人。我是超級粉絲，我把參觀片場和坐在中央公園咖啡館著名的橘色沙發列入願望清單，那是虛構的咖啡店，幾乎每一集《六人行》都會拍到。如果你是那齣戲的粉絲，可能知道節目不是在紐約拍攝，而是在洛杉磯的電影攝影棚。我常去洛杉磯工作，溫斯頓幾年前決定和我一起去（在我們有孩子之前），我預訂去參觀華納兄弟電影公司的片場，等不及想在著名的中央公園咖啡館沙發上拍照。我辦到了，那次旅行中得到的收穫超出我的預期。

看到《六人行》的攝影棚之後，我們搭電車繼續參觀，經過其他節目的場景。後來我們停在一棟屋子前，我馬上就認出來。那是羅斯和莫妮卡・蓋勒兄妹的爸媽家！我轉向溫斯頓告訴他，《六人行》中有一幕我最愛的場景就在那裡上演。那場倒敘回憶莫妮卡和瑞秋準備去參加高中畢業舞會，但是瑞秋的舞伴沒出現，所以她很難過。莫妮卡的哥哥羅斯看到瑞秋傷心，便穿上禮服，打算帶瑞秋（他的畢生摯愛）去參加舞會。就在他穿著禮服下樓時，瑞秋的舞伴出現了。莫妮卡、瑞秋和兩個男生衝出門，留下羅斯在樓梯上傷心欲絕。《六人行》粉絲一定知道我說的是哪一場！

這段倒敘之後，場景跳回今天，所有朋友齊聚一堂，用舊式家庭錄影機看那次的舞會場景。這時，瑞秋走到羅斯身邊，給他期待已久的一吻。那一刻應該有一百萬個美國女子一起尖叫，因為我們等了那麼久就等這一刻！那真是太棒了。

總之我和我丈夫站在一起，準備進入我最愛的節目裡我最愛的場景。美術設計團隊表現傑出，屋子外面討喜又逼真。我穿過「房子」的大門，大感震驚。我想不通，腦子一團亂。外表看起來是正常的房子，但裡面除了樓梯之外，什麼都沒有。屋裡光禿禿。我那顆熱愛《六人行》的心失望了，理智上而言，我知道莫妮卡、羅斯和瑞秋不會在屋裡，但我以為裡面會有節目中的熟悉小擺設。我後來聽說，許多場「屋內」的場景其實在幾條街外的「片場」拍攝。我轉身對溫斯頓說，「就這樣？」

現在我常去華納兄弟片場，因為我擔任來賓的節目就在那裡拍攝。每次去都會開車經過古色古香的西部城鎮——有雜貨店、酒館，應有盡有。看起來無敵寫實，彷彿隨時會有牛仔跳出來開槍。現在我沒那麼天真了。那些表面逼真的建築裡面空無一物，只有假門面。那些不同的場景和建築都是假的。

●虛假的外表

不是只有好萊塢才有假門面，我們身邊隨處可見：我們的同事、鄰居，一起上教堂的人，甚至是我們自己！每個人外表都光鮮亮麗，彷彿生活井然有序——但這往往只是欠債堆出來的假門面。外表應該營造成功的形象，讓人覺得「功成名就」。結果開門看到他們的生活，裡面只有一道樓梯。我們拿自己的人生相比較的事物甚至不是真的！這正是危險之處。

欠信用卡債務的美國家庭平均餘額稍稍超過一萬四千五百美元[27]。為了過他們無法負擔的生活，他們每個月都無法存款。車道上的超大休旅車和名牌牛仔褲營造出他們是人生勝利組的形象，但統計資料指出他們不是。你拿自己的生活與鄰居相比較，到頭來會怎麼樣？你常將自己的生活與破產人士的互較高下，想破產可不是好計畫。

二〇一六年，我寫了《愛你的人生，別愛他們的》（Love Your Life, Not Theirs），講述了我們的比較文化，以及它如何影響我們的理財習慣。最瘋狂的是這本書發行以來，這個問題更嚴重了。我之所以知道，是因為當我在節目中訪談來賓或到全國各地採訪時，這個話題不斷出現。攀比心理鬼祟狡猾，不知不覺就影響我們的消費決定（以及很多其他層面）。

我們拿自己的生活與其他人的生活相提並論時，不僅是拿自己與那些打腫臉充胖子的人相比較，也只與他們想要世人看到的那一面相較。這往往是謊言——然而，比

---

[27] 作者註：藍西顧問公司二〇二〇年所做的「消費者債務調查」。

較常驅使我們買下平常不買的物品，做出平常不做的事情。

《紐約時報》二〇一九年刊登一篇關於兩對新婚夫婦各自去度蜜月的故事。一對去阿魯巴島度蜜月。新郎說：「我對蜜月印象最深的是夕陽，但不是因為落日很美。我們就像去幫某本不存在的雜誌拍外景。」他說那一週的假期是「夕陽噩夢」「壓力山大」「備受折磨」。據說新娘覺得她有壓力，覺得有必要向世人證明她過得很愉快，所以她大部分時間都在拍照、修圖或編輯Instagram貼文。她忽略新婚丈夫，只因為她希望千里之外的人覺得她很開心。這種事情並不罕見。這位新婚太太說，她選食物的依據就是能不能拍成網美照上傳Instagram。最糟的是儘管她注意到丈夫不高興，她還是罔顧他的心情，繼續拍她的夕陽美照。想當然耳，報導說他們在蜜月旅行之後幾乎鬧到分手：「不單只是因為蜜月，總之情況很糟糕。㉘」

文章中的第二對夫婦也有類似故事。社群媒體通常只描繪每個人生活中最美好的部分，有時我們對生活的預期會完全失控。這對夫妻原本計畫去英國鄉村旅行——他們倆都很期待。但是當別人問起蜜月地點，準新娘說沒有人看好英國鄉村。倍感壓力的他們覺得要換個聽起來美妙又令人印象深刻的蜜月地點，於是放棄去英國兩週，改去義大利。去義大利花費更多，他們不得不縮短行程，最後選了沒有空調的義大利公寓民宿。「床鋪放在夾層，天花板又是斜的，我們都無法站直，」她說。「在那裡的整段蜜月都沒親熱，因為天氣好悶，又不能好好伸展，而且我很氣那間公寓。㉙」

我真難過！這些夫妻竟然完全依照社群媒體「追隨者」和「朋友」的想法，做出一生一次的重大選擇。為了輸人不輸陣，搞砸自己的蜜月！雖然這些例子非常極端，然而這就是一味追求他人認可去過日子、花錢的下場。一個不小心，我們就會忘記自己的目標，為了虛擬的假象犧牲真正的生活。

●如何避免追求他人認可而消費

如果你發現自己常站在消費量表的這一端（我認罪！），我想傳授這些年來我學到花錢之前先問自己的問題。這些問題可以幫你考慮更周到，更省錢。

㉘ 作者註：〈標籤寫著地獄蜜月〉，Maggie Parker於二〇一九年六月十九日刊載於《紐約時報》。
㉙ 同上。

1. 如果沒有人看到這筆消費，我還想要這樣東西嗎？
2. 如果不上傳社群媒體，我還想要嗎？
3. 如果這樣東西壞了，對我有什麼影響？
4. 購買之後會帶給我成就感嗎？
5. 我相信這樣東西會帶給我快樂嗎？

這些問題可以讓你快速審視消費動機。告訴你，這些問題不止一次幫助我，不買自以為需要的東西！

如果你問了這些問題，答案顯示你是為別人而不是為自己，那麼就延後購買。這不表示你永遠不能買，只是要你先調整心態。動機正確時，你會做出最好的消費決策。

此外也要記得，擁有好東西不是不可以——但別受制於物質。什麼情形之下會發生這種事情？如果你從物質建立身分地位——因爲我穿名牌牛仔褲，所以我很了不起——如果你消費只是為了讓別人刮目相看，好比我爸爸買第一輛捷豹時。借錢買東西，也會落入這步田地。只要你沒徹底擁有某件物品，那件東西在情感上、財務上就擁有一部分的你。因此你一旦調整到消費的正確心態，必然存夠錢支付。在欠債的狀況下，你很難熱愛你的人生。

另外，切記要寬容自己。有時我一心一意以家人的福利為重，偶爾也會失足，發現自己為了追求別人認可而消費。重點是一有狀況就要發現。我們不可能始終保持完美，關鍵是持續成長。

還有一件事想請你放在心上。唯有心態改變，才能徹底改變消費動機。規劃再多預算，算多少次數學都無法產生深遠的影響，唯有體驗到知足的力量才辦得到。

知足的力量

知足是改變消費動機的過程。如何改變？透過改變你的價值觀。你不再看重得到更多東西，而是更看重其他東西。我在《愛你的人生，別愛他們的》和《知足日誌》

（The Contentment Journal）書中對知足常樂有更廣泛的論述，原理如下：先從感恩開始，然後發展為謙遜，隨著光陰流轉，漸漸發展為知足。相信我，真的有效。這個過程改變了我的人生。

知足的另一端就是為了別人而消費。知足是滿意現在有上帝照管的生活，而不是覺得你得跟上誰的腳步。知足是接受目前的人生階段，知道你的人生有意義。與其追逐下一個酷炫的東西，知足會改變你的心，滿意自己現有的物質。怎麼做到知足呢？要從培養感恩的習慣開始。

研究指出，一起床就懷抱感恩之心的人，對生活有極高的的滿意度[30]。每天醒來之後，寫下你感激的三件事，開始培養感恩的習慣。就這樣！你可以對大事心存感激，例如好友的支援或你熱愛的工作，也可以感念小事，例如用你最喜歡的筆寫字，或一早就能喝到你最愛的咖啡。我幾年前就開始練習，這個簡單的行為不僅改變我的一天，最後改變了我的人生觀。感恩的力量之強大，令人難以置信。

每天養成感恩的習慣，尋找你所感謝的事物，就會漸漸變得謙遜。真正的謙遜不是羞愧。你不必因為謙遜而看扁自己，或貶低自己的生活。暢銷書作家暨牧師華理克

（Rick Warren）說：「謙遜不是看低自己，而是少想到自己。」謙遜是多為他人著想。你越感恩，越能開始看到周遭的人——不是為了得到他們的認可，而是因為你真的關心他們。這是重視他們的本質，看重賦予他們的身分。謙遜孕育出仁慈、慷慨、快樂和成就感的人生。有了謙卑的心，知足就出現了。

你花時間培養感恩和謙遜的堅實基礎，知足就成為你的特質。那不是一時的心情，是你性格的一部分。知足不是懶惰，也不是任人踐踏。知足不是沒有目標，你依舊得努力工作，達成你的目標。知足與你的原因有關——依照你的條件生活——而不是你擁有的東西。你可以因為擁有一點點就感到滿足，也可以因為擁有很多而知足。《聖經》說：「敬虔加上知足的心便是大利了。」（〈提摩太前書〉第六章第六節）再正確不過了！知足的確是很大的收穫。

知足的人經過深思熟慮才花錢，知足的人犧牲生活品質擺脫債務、體驗財務安定。他們存錢、捐得更多。知足改變你最看重的東西，幫助你克制不健康的消費。你

㉚ 作者註：〈感恩與愛和幸福之間的關聯〉，Heather Craig，二〇二〇年三月十八日刊載於正向心理學網站（PositivePsychology.com）。

越是練習感恩、謙遜和知足，消費目的就越與迎合他人無關，而是你最看重什麼。

何謂熱愛你的人生？

我們已經討論過消費量表的一端，現在談談另一端：何謂熱愛自己的人生——為自己而不是為別人花錢。

切記，當我談到為自己花錢，可不是滿足你的每一個奇思妙想，買下最新、最炫的東西。為自己花錢，是忠於你的獨特目的和價值觀。換句話說，你越熱愛自己的人生，越關心自己的世界，而不是別人的世界。為自己花錢代表你對現有人生感到知足，刻意活出你崇尚的價值觀。我舉例說明。

我有朋友因為工作關係要搬到美國另一端。搬家之前，他們住在較大的獨棟洋房，有一個大後院和絕美的景觀。房子很漂亮，但他們發現當初之所以買下是滿足他人的期望。只是因為「大家都這麼做」，不是他們真心喜歡。

花時間反思自己的價值觀之後，他們認為省更多的錢、一家花更多時間相聚更重要。他們搬家之後，決定買一個較小的連棟屋。這個決定不僅幫他們省錢，而且現在房子面積較小，幾乎不必維修戶外空間，他們也更有空進行家庭活動。我勸每個人都換到小一點的連棟屋嗎？當然不是。為自己花錢的意義，就是判定什麼事情對你是最重要的。

當你為自己而不是為別人花錢時，就有動力花得更謹慎，原因更深層，是根據你獨特的價值觀和人生目的。你的人生使命恐怕不是幫助人們掌控金錢，那是我身上流的血！你熱衷的可能是教育幼兒、處理數字或保育瀕臨絕種的野生動物。你的人生目的可能是發明治病解藥、寫本動人的小說，或教育出了不起的孩子。我們的人生各有不同的意義，應該根據這一點花錢，而不是為了討好我們的鄰居。

當你為自己花錢時，你的理由可以幫助你決定每筆消費是不是划算。例如，可以借到多少房貸不再重要，重要的是哪種房子適合你和你的家人。瞭解你的消費原因有助於你做出艱難的消費選擇，例如削減開支、償還債務，你才能實現你的目標。消費理由也能篩出怪奇的消費選擇，好比添購上等刀具，因為你努力工作存錢，烹飪又是你的嗜好。消費原因還能幫助你樂善好施，花錢幫助別人。當你根據你的原因購買時，鮮少事後悔恨、懊惱，或極度恐懼東西損毀。你的消費不會掌控你，你不會只根據心情好壞決定買不買。你在金錢方面得到全新的自由。

你知道你的消費原因是什麼嗎？如果你無法馬上判斷什麼最重要，我鼓勵你花點時間好好思考。為了發財致富，你必須知道你最重視什麼。先從以下問題開始：

- 什麼打動了你？
- 誰和什麼事情對你最重要？
- 不做什麼事情會後悔？
- 你能為世界帶來什麼獨特的禮物？

深入探討這些問題時，你會開始看到大致的價值觀和人生宗旨。請先記住這些想法，我們將在接下來的兩章繼續探討。

你花錢是為了過你所選擇、熱愛的人生，先前提到的「對人的恐懼」就會被其他事物所取代。身為基督徒，我稱之為敬畏上帝。奧斯華・章伯斯㉛說：「上帝的非凡之處在於當你敬畏上帝，就不再害怕其他事物。如果你不敬畏上帝，你就什麼都怕。㉜」

當你知道你屬於上帝時，就不會再為別人而活。如果取悅神是最重要的事情，就沒有隨波逐流的壓力。你不需要衝過不斷移動的終點線，不需要逐一得到別人的認可。你覺得充實、平靜，因為你的身分和價值來自不變的神。**這就是真正的自由**。無論你是否有信仰，當你放棄取悅他人，轉而按照自己看重的價值生活，你的生活品質大幅提升。

祕密消費武器

談論到為自己花錢時，有個極大誘惑必須防範：為了開心而花錢。就我們的社會文化而言，這種事情很容易發生。要慶祝？去吃飯！今天過得很糟？為自己花錢買

㉛ Oswald Chambers（一八七四—一九一七），二十世紀早期的蘇格蘭著名牧師。

㉜ 作者註：《竭誠為主（經典版）》，作者為章伯斯，二〇一七年由密西根州大急流城的Our Daily Bread Publishing出版。

快樂！你愛的人心情沮喪？買點東西送他們，幫他們打氣。我們親暱地稱為「購物療法」。有人曾大笑告訴我，「這比實際治療便宜！」是嗎？

當你開始滑手機，把商品放進購物車，腦中的化學反應可能讓你上癮，而且學者已經證實，人們把花錢當成逃避痛苦的因應機制。三成一的女性說她們購物改善心情，五成三的人則為了慶祝而購物[33]。這就像跑者快感。跑步時，腦中會分泌多巴胺，引發愉悅感和滿足。購物時也會有同樣感覺，結果往往是在你不甚在意的東西上浪費錢。

防範情緒化消費有一部分可以靠有目的的消費。也就是購物之前，快速檢視你的動機……然後拿出預算！我時時提到規劃預算，如果你有購物成癮的傾向，預算也能幫助你。預算會誠實告訴你是否有錢可花，當月的財務計畫是否包括購物。當你只能聽到「我非買不可！」時，預算可以在你軟弱的時刻充當紅燈。如果你看過預算，有這筆錢，又是你本來就計畫要買的東西，那就買吧。否則請注意紅燈標誌，預算的存在意義就是為了保護你。

說到消費——無論是一般消費或為了讓你開心——你有三個祕密武器：（一）為

你自己而不是別人消費，（二）消費動機要與人生目標一致，以及（三）規劃預算並照做。如果你能做到以上三點，就能忠於自己，長期維持良好消費習慣。

㉝作者註：〈導致消費的七個心理誘因——以及如何處理〉，Jacqueline Curtis刊載於Money Crashers網站的文章。

輪到你了

1. 看看銀行帳戶，回顧上個月的消費。是否有任何項目的消費超支，只為了讓人刮目相看？
2. 你會把自己放在消費量表的哪個位置，為什麼？
3. 基於你獨特的價值觀和人生宗旨，你更深層的消費原因是什麼？如何開始把這一點納入日常消費？
4. 你現在感激的三件事是什麼？為了避開比較的陷阱，每天開始寫下你感謝的三件事。

第10章 促使你存錢的原因

先前已經探討我們花錢的原因，現在討論另一面：我們存錢（和不存錢）的原因。我們在第一部提過，人們天生不是存錢型就是花錢型。本來就是存錢型的人可能認為你們不需要看這一部分，先等等——存錢的意義可能比你想像的重要。花錢型的朋友，這章絕對不是講述存錢的乏味內容，你會因此花錢花在刀口上。

很多人對存錢的看法有誤。覺得存錢很無聊，像負擔，是你負擔不起的額外支出，或阻礙你買下現在就想要的東西。我們忘了存錢其實很快樂，你有機會為自己和未來省下賺來的一部分！除了儲蓄應急預備金之外，存錢往往是為了夢想：你想要有的體驗、想買的東西、想做的事。看到儲蓄帳戶不斷增長——知道那些錢將拿去支付你想要的東西——其實非常開心！為什麼那麼多人錯過這個機會呢？因為我們不瞭解存錢和夢想之間的關聯。

你可能沒料到我們打算這麼做，在講述存錢的這一章，我們要談談你如何描繪夢想。因為你如何描繪夢想與存錢方式有關。

存錢和夢想之間的關聯

我們都有不存錢的藉口或理由，我做這行常聽到。來看看不存錢的最普遍原因，以及真正根源：

1. 你賺的錢不夠多。
2. 你花的比你賺的多。
3. 你被債務壓得喘不過氣。
4. 你在兒時的理財課堂學到，存錢是辦不到或不重要的事。

覺得耳熟嗎？你是不是每個月收支平衡都很辛苦，更談不到儲蓄應急預備金？你想過要存錢嗎？這些理由聽起來很合理，但我們仔細探究真正的原因。

我有個朋友在「無知無覺的課堂」長大，父母從未談論過存錢的重要性，所以她從未擔心過這件事。她當寫手，薪水頗優渥，但十年過了，她沒有攢下任何成績——毫無儲蓄。有一天，她發生緊急傷病，欠下數千美元的債務。帳單開始寄來，她才知道竟然會碰上這種問題。她面對償還債務的現實時，學到兩件事：不存錢的無知得付出高昂代價，她再也不想落得這麼狼狽。這時她才意識到，她需要規劃理財。

讀到這裡，其實不是只有你發現自己沒有任何儲蓄。四成七的美國人的應急預備金不到一千美元[34]。然而沒有儲蓄是兩大問題的警訊，第一個問題是，你沒有解決自己的問題。你沒準備就緒。即使一切看來風平浪靜，如果你的理財計畫不包括存錢，那麼發生意外，搞得你人仰馬翻只是遲早的問題。人生一定有不測風雲：緊急傷病、失業、冷氣壞掉、風雨損毀房產、上班途中撞到鹿。應急預備金不是可有可無，你早晚一定會用到。如果你現在沒有任何儲蓄，**馬上**就得解決這個問題。

---

[34] 作者註：「美國人的債務狀況」，藍西顧問公司於二〇一八年十月二十五日發布美國人債務狀況的調查。

沒有儲蓄也是第二個問題的警訊：你並未關注自己的夢想。大部分人沒想到存錢和夢想有多深切的關聯。如果沒有儲蓄，表示你完全沒努力實踐夢想。你可能只是工作換了一個又一個，從一個城市搬到另一個城市，而不是穩定走向某個有意義的目標。這多半是因為你不知道你有何夢想。你也可能這裡存一點，那邊省一些，但要看到真正的進步，就必須瞭解你的夢想。

其實夢想對財務狀況至關緊要，因為有助於釐清你看重的事情，並且激勵你長期儲蓄。除非你天生愛存錢，否則為儲蓄而儲蓄沒有意義。當你真正想要一樣東西時，沒有人可以阻止你為這個目標存錢、努力工作。如果你想過夢想的退休生活，一定會高高興興地儲存一成五的收入。如果你深切關心打擊當地的貧困境域，就會想更多辦法減少開支，以便定期捐款。如果你夢想領養孩子，你會犧牲多年，只為了帶他們回家。為什麼？因為存錢給你追尋夢想的自由。

夢想型和務實型

現在你知道夢想為何對存錢如此重要，接著就要探索你規劃夢想的天性。談到夢想，我們多半分為兩類：夢想型或務實型。

存錢量表

夢想型 ↔ 務實型

同樣地，兩者沒有好壞之分，只是不一樣。有個朋友把夢想型和務實型的區別描述為列車長和火車頭，前者為火車設定路線，後者將貨物和乘客載到正確目的地。夢想型是列車長，務實型則是將火車開到該去的地方。要到任何地方，兩者都非常必要！

● 夢想型

夢想型可能每天有五個做生意的新點子，通常是具有富足心態，隨時願意嘗試新事物。他們有遠見，常想到未來，拒絕相信自己能力有限。他們著眼於大局，不專注於細節，或執行夢想實現之前該做的事項。如果這些陳述就像你，你可能是夢想型。

夢想型，這個世界需要你！但是有些事情還是需要注意。第一，你不能永遠光說不練，否則那些超棒的計畫和點子都不會實現。你必須努力把大餅做出來。

夢想型還得接受不是每個想法都是好點子。我絕對有資格說這句話，因為我就是夢想型。你們和我同類，我瞭解你們。要知道哪些想法值得追求，需要謙遜和成熟的心態。我不止聽過一位太太說：「我丈夫想辭職創業，我覺得這想法太瘋狂！」就因為這位妻子不是特別支持，大家就覺得她愛潑人冷水——她只不過是考慮到所有必需的細節和開支。

有位女士告訴我，她的丈夫想借二十萬美元賣三明治。他沒有商業計畫，也不懂如何經營餐館。幾乎對所有人而言，這個想法聽起來蠢爆了。在這種狀況下，太太不是潑冷水——她是救生員。她這是拯救夫妻兩人，免得這個財務錯誤得花好幾年才能還清。

我是我們夫妻當中的夢想型。我會考慮未來，白日夢做個五分鐘，就心血來潮想訂週末出遊。出城、想做什麼就做什麼，讓我覺得很興奮。我會開始集思廣益，研究去哪裡訂房、做哪些活動，後來才恍然大悟，發現自己竟然花時間籌劃我們不需要的旅行，花我們不必花的錢。身為夢想型，這些想法來得又快又急，而且我會覺得每個點子都很棒。

●夢想型和存錢

說到儲蓄，有些夢想型會覺得容易，因為他們致力於實現夢想。他們熱愛自己的夢想，願意付出一切努力——即使需要儲蓄兩年，才能購買創業所需的工具，或拿到學位轉職。你對待夢想越認真，越容易為了實現目標付出努力。

但是因為夢想型常停留在白日夢階段（因為天馬行空實在太有趣！），也可能很難存錢，主要原因就是夢想型往往不願意等待。他們看到了自己壯觀的夢想，想要馬上開始著手。似乎無法停下腳步，為了實現夢想而耐心存錢。但是夢想型，你們必須接受這一點，夢想需要時間。要做烏龜，不要做兔子！最有意義的事情往往需要幾年或幾十年才能完成。拒絕接受這一點，只會限制你的進步。

夢想型很難存錢的另一個原因是他們每天有十五個新想法，每個都需要存錢實踐。但是，你們要記得，只要追求正確的點子。你怎麼知道哪些想法需要努力？對我而言，強有力的指標就是留意不斷出現的想法。如果同一個想法不斷跳出來，往往有其原因。要知道哪些想法值得追求，時間是另一個有用工具，所以請寫下你的想法。無論是送孩子去哪間學校、想收養孩子，或創業點子，什麼都可以！幾個禮拜都不要看清單，之後再回頭檢視。如果這些想法仍然讓你躍躍欲試，也許你就該開始想辦法實踐。以成熟心態和耐性制衡夢想家性格很重要。

● 務實型

務實型不會一天冒出一千個想法或夢想。但是，他們一旦有想法，通常經過深思熟慮，因為他們自然而然會努力想出如何實現。想法出現之後，他們會思考、評估，確定是好主意。他們很快就會變得非常實際。這個想法如何完成？需要做哪些事情？有多少錢實現這個目標？如何才能花更少錢？這需要多久？需要蒐集什麼資訊？如何獲得協助？如果你注重細節，實事求是，可能是務實型。身為務實型的好處是，你在許多方面更容易實現你崇尚的生活，因為你擅長執行想法。

然而對務實型而言，關鍵是不要扼殺夢想。務實型可能有過狂野的想法，但你卻想，這太荒唐了！我永遠辦不到，然後就此打住。如果你聽到自己或別人的夢想似乎不切實際，請忍住，別立刻放棄。記住，夢想通常不會立刻完整成形，需要潤飾，需要專業知識，需要務實型的幫忙！

身為務實型，你要明白，夢想型可能覺得你是所有夢想的殺手。你可能已經習慣自動拒絕身邊夢想型的任何想法，很容易看出這個想法將如何實踐（或不實踐），你的快速評估無意中可能傷害那些夢想型。他們開始懷疑自己，或覺得你不相信他們。我說過，這個想法很可能不值得追求，但也不需要打擊他們的士氣。利用你的力量做好事，發揮好奇心、提出問題。充當救生員的同時，你也可以體貼又善於打氣。務實型的朋友，切記，不是每個夢想都不明智，有些真的值得努力追求！

●務實型和存錢

你可能以為務實型天生擅長存錢，不是喔。對某些務實型而言，存錢的難處在於他們會手足無措，覺得氣餒。他們算過之後發現，每個月必須存六百美元，才能存到七千美元，一年後實踐去歐洲度假的夢想。因為他們是務實型，這似乎太多了——數字太大、時間太久，還必須顧及其他同樣重要的事項。如果你就是這樣，請記得深呼吸。比爾・蓋茲說：「多數人高估了一年內能做的事情，低估十年內能完成的事。」一你不可能一次全做完，但你可以優先考慮最重要的事情，一次做一件。你會發現，只要持續保持專注力，你竟然能漸漸完成許多事情。

有些務實型喜歡存錢，儲存應急預備金尤其容易，因為他們總是想得很透徹，明白可能出錯的事情一定會出狀況。這個原則也適用於他們的夢想：務實型可能致力於完成夢想，有詳細的計畫，會列入預算，並堅持照做。他們看著自己的存款增加時，可能很有耐心、堅定不移。如果你是這種人，好好發揮這項優勢。鍛鍊自己更自律，絕對可以幫助你努力實現目標。

無論你在量表上的落點是哪裡，切記，即使你比較傾向於某一種，我們都必須兼顧兩項任務。就像其他量表，你的目標是適中。我們都得花時間做夢，也需要花時間為如何完成夢想制定計畫。我們將在第11章中談論夢想和計畫的方法，我想鼓勵你繼續努力，把兩項做得更好。夢想型，請記得：不斷湧現的想法不是偶然。你可能有很多並未實現的夢想——你為此感到謝天謝地！但請密切注意不斷出現的夢想，那些才是你需要努力的目標。務實型，好好利用你的腳踏實地和實事求是！但不要忘記描繪你想創造的生活，允許這些想法慢慢滋長。不要滿足於長久以來的做法，體認自己的個性，要持續向人討教、不斷成長。

我們為何停止懷抱夢想？

我們有理由不存錢，也有理由不做夢。不同類型的夢想可以幫助你為看重的事情存錢，在我們探索這個話題之前，我們想想自己為何停止夢想。這點很重要，因為我們的夢想不是巧合或神來一筆——我們的夢想可以解釋我們爲什麼活在這個世界上。

有三件大事阻止我們懷抱夢想、存錢：單調的日常生活、唱衰的人和創傷。

●單調的日常生活

如果你像我一樣，有時你回顧這一週，心想，發生過什麼事情？有好多天都很模糊。我起床之後也許有幾分鐘的安靜，然後孩子就起來，等著吃早餐。我努力準時出門，一手整理頭髮，一手把女兒放在高腳椅上，再幫另一個女兒遞麥片。接著準備午餐，在吻別孩子之前化完妝。我開車去上班、開會，希望午餐能快速吃完三明治。等到下次抬頭，又該開車回家了。

我匆忙準備晚餐，努力討好飢餓的孩子。我把每個人抱到餐桌前，努力維持所有人坐在餐桌邊。我們清理廚房，幫孩子洗澡。一個從浴室跑出來，光溜溜在屋裡跑來跑去（沒有一天例外！），於是我們衝去抓孩子，想辦法套上睡衣。接著就是送他們上床——每個父母都知道，這種事情無法預測。有時不費吹灰之力，有時則需要一個小時才能哄完。等到這一切都忙完，溫斯頓和我倒在沙發上，心想：「終於結束了！」接著才能上床，可能是趕完白天的工作，可能是看書或看我們最愛的節目……沒多久，鬧鐘響了，一切重新再來。

我不是抱怨！溫斯頓和我與孩子共度寶貴的美好時光，但是和幼童生活真的身心俱疲。嬰兒和學步幼兒對我來說就等於身體的勞累。幾年後，我回頭看這段話可能會微笑，因為我們知道，生活瞬息萬變，時光飛逝。溫斯頓和我很快就得面對青少年，到時的快樂和沮喪絕對與現在截然不同。但是如今日常生活繁忙，只要一個不小心，可能讓我們無法懷抱夢想，品味人生。

你的日常生活可能完全不同，我們都會經歷陷入一成不變的階段。你要留意別讓時間悄悄溜走。你不希望兩年或十年後驀然回首，才發現你沒有夢想和儲蓄。單調的日常生活和步調可能讓你分心，作家暨哲學家達拉斯・魏樂德（Dallas Willard）說，你要「不留情面地從生活中消除匆忙㉟」。為什麼？因為**匆忙**會讓我們分心，無法好好過日子。（請注意，他不是說**忙碌**。**忙碌**是指我們從事需要付出時間或注意力的事情。**匆忙**是急急忙忙。）我們一不留神就會被日子推著走，從一件急事趕到另一件，忘記要在人生創造甜蜜、有意義的回憶。別再庸庸碌碌過日子，重新懷抱夢想，絕對值得努力。

㉟ 作者註：《心靈守護者：尋回真實的自己，靈魂是影響你外在世界的內在生命》，作者為John Ortberg，二〇一四年由密西根州大急流城的Zondervan出版。

如果你偏向務實型，可能覺得單調的日常生活很有安全感。你可以完成一整天的工作，而且得到成就感。雖然這些工作很重要，但要記住看看人生的遠景，不僅是眼前的事情——花點時間做夢吧。

單調的日常生活變得緊張或乏味時，夢想型可能會沉浸在白日夢中。切記，關鍵就是適度，記得在你夢想未來的同時，也要享受眼前的生活。

●唱衰的人

儘管Pinterest充滿可愛的打氣語錄，例如「懷抱大夢想！」和「追尋你的夢想！」（想想那些搭配漂亮草寫的愛心和彩虹），有許多人的夢想也不斷被唱衰。對方可能是父母、老師、朋友，或我們崇拜的人。他們通常是好意，只是這些話會阻撓我們前進。

公開演講是我的工作，我已經做了十多年，這一切都要從我高中時期那份不太尋常的工作說起。我十幾歲時，週末會陪父親出差去美國各大城市。當時，他在週六辦活動，觀眾從五千到一萬兩千人都有可能。這些一整天的活動目的是教大家理財。

那時公司有人建議我上台推銷我們的兒童產品。他們認為，聽大衛．藍西的小女兒演講，可以鼓勵想教導孩子理財的父母。起初我不肯，覺得自己沒辦法站在那麼多人面前。我們姊弟三人從小就在這些活動的簽書攤位幫忙，參加活動是常態，但我想都沒想過要上台說話。

又有幾個人聽到風聲，我在眾人鼓勵之下同意上台。幾個人幫忙我寫出五分鐘的演講稿，內容從當大衛．藍西的女兒有多辛苦的「十大」清單，到教孩子理財為什麼重要——我們藍西家孩子用的家務表和現金信封袋，有助於我們牢牢記住那些理財教訓。我為那一季的第一場活動練了又練，地點在華盛頓州的斯波坎市，當天大約有六千名觀眾。

站在舞台側邊等著出場時，我就像普通十五歲少女般緊張。但我上台，講了五分鐘，儘管聲音顫抖，但聽到愛護我的觀眾大笑回應我的笑話，我如釋重負，甚至挺開心。我記得我下台時腎上腺素狂飆，不敢相信我剛完成先前以為辦不到的事情，不僅完成，還覺得有趣。

我下台時，指導我演講的人走來，我永遠不會忘記他對我說的第一句話：「妳說得真快。」而不是說：「妳做到了！以第一次而言非常棒！」沒有提到青少年面對六千名大人的勇氣，只說「妳說得真快」。言簡意賅。那一刻，我的心一沉，突然覺得很丟臉。我記得我心想也許我做得不好，感覺都快哭了。他的話深深刺痛我。

其實我們每個人都碰過這種事情。我們想冒險，嘗試新事物，但別人三言兩語摧毀我們繼續前進的勇氣。當我站在舞台側邊，因為他那些話深受打擊，其他人向我走來。他們笑著幫我打氣，鼓勵我。如果我只聽進那些負面的話呢？如果我讓那句話左右我往後的人生呢？其實我可能真的說得太快。我第一次演講並不完美，但這不表示我就該放棄。你也是。不要讓其他人的聲音——或是傷心、氣餒的經歷——阻止你追求夢想。

唱衰的人不一定來自外面。我們也可能對自己做這種事——比其他人對我們說的話更有破壞性。工作時、身為妻子、身為母親，我不得不努力克服內心這種聲音。我覺得自己沒達到標準，或是我的夢想不可能實現時，很容易陷入「否定」自己的無限迴圈。給自己做夢的餘裕時，你可能會聽到腦子裡有個聲音說，你不需要這個。你太貪心了。別太自私。或者你可能聽到，你不可能做得到！這個夢想太大。你太荒謬了。你永遠不會有錢做這件事。我們就來處理這個聲音。

這個聲音有很多形式，任務就是阻止我們做重要事情。在《藝術之戰》中，史蒂芬．普雷斯菲爾德把我們心裡唱衰的聲音稱為「阻力」。他說：

我們多數人都有兩種人生。我們過的人生，和我們心裡沒實現的人生。兩者之間矗立著「阻力」……你是否曾想過當母親、醫生、為弱勢發聲的人；競選公職、捍衛地球、宣傳世界和平，或保護大自然？夜深人靜時，你是否想過你可能成為什麼樣的人、可能完成的工作、你應該要過的充實人生？你是沒有著作的作家？不作畫的畫家？從未開始創業的企業家？那麼你就知道何謂「阻力」……上帝賦予我們每個人獨一無二的天賦，「阻力」阻撓我們實現上帝為我們預備的人生。㊱

㊱ 作者註：《藝術之戰：突破障礙、贏得心裡的創意之戰》（The War of Art: Break Through the Blocks and Win Your Inner Creative Battles）作者為史蒂芬．普雷斯菲爾德（Steven Pressfield），二〇〇二年由紐約州紐約市的Black Irish Entertainment, LLC.所出版。

「阻力」每天都阻止我們實現夢想。我們錯把它所傳達的訊息謹記在心，深信不疑。

「我不可能辦得到。」

「不可能為這個夢想存到錢。」

「這太扯了。我必須要實際一點，孩子還靠我呢。」

「阻力」的唯一目標，是阻礙你實現你注定完成的目標。如果我們坐視不管，光是心裡這個聲音就能摧毀我們創造鍾愛人生的機會。朋友，不做夢，不追尋我們看重的事物，風險非常大。懷抱夢想並不適合膽小的人。做夢就是探索人生目的。所以請全程提高警覺，專心一志。結果一定值得。

●創傷

請先讓我對最近經歷創傷，或正要走出往昔創傷的人說幾句話。也許你正在辦離婚、遭受虐待，或者你深愛的人去世。無論如何，首先，我要表達十二萬分的遺憾。真的，我無法想像這段日子對你來說有多辛苦。

如果你最近或童年受過創傷，可能很難靠自己懷抱夢想。有一點帶給我希望，就是學習做夢是一種技能。技能是任何人都能選擇漸漸學會的事，學習做夢也是心理健康專家或牧師可以幫忙的事情。當你有能力時，找個值得信賴的朋友或專業人士，如果可能的話，最好是親自碰面，請他們慢慢引導你重新學習如何做夢。

此外，你重新開始做夢時，要有心理準備，你的新夢想可能與以前既相同又不同。如果你多年來一直夢想追求新事業，你可能還有這個想望。實現夢想的方式可能有所不同，但夢想仍然一樣。你的優先事項可能發生重大變化，你發現你不想為了轉職投入時間和金錢了。你可以放棄舊夢想，創造新夢想。重點是擁有夢想。不要因為你現在或過去的經歷，而停止做夢。如果必要，就從小地方開始做夢，總之繼續做夢就對了。

現在你明白存錢和夢想之間的關聯，也更明白你是夢想型或務實型，我們開始探討不同類型的夢想，瞭解你最看重的事情。

第11章

找到你最看重的事物

思考未來時，你希望看到什麼？你覺得什麼很重要？你愛什麼，重視什麼？八十歲時，會後悔沒做什麼？開始思考，但不要修改。以後會有充裕的時間來調整。先寫下來。專注於你願意努力的事項。當你開始思考自己有什麼夢想時，請分三個不同的類別思考：短期夢想、長期夢想和共同的夢想。這三個類別將幫助你發現你最看重的事情，並且確定何時做什麼的輕重順序。

●短期夢想

我贊成大夢想！但不是每個都能立刻實現，所以我鼓勵你把短期夢想和長期夢想分開考量。兩年之內可以實現的是短期夢想，如果超過這個時限，我一概認定是長期夢想。短期夢想令人激動，因為能在不久的將來達成。如果你是務實型，喜歡短期夢想可能是因為步驟明確，模糊曖昧的空間比較小。如果你是夢想型，喜歡短期夢想是因為你能快速得到成就感。短期夢想的例子如：

1. 帶孩子去遊覽一個國家公園。
2. 還清債務，以後就能保留所有收入。
3. 搬到不同的家。
4. 留在家裡陪孩子自學。
5. 去一個你一直想探索的國家旅行。
6. 重新開始畫畫，出售畫作。

短期夢想就像燃料，所以強大。通常可以花較少錢完成，而且——因為更快實現——很能振奮人心。你也能輕鬆看到實現短期夢想的步驟，包括你需要做出哪些犧牲。如果只是為了削減開支而省錢，很快就會失去動力，因為看不到隧道盡頭的光。

如果目標是你在乎的事物，辛苦和犧牲都可以忍受，甚至能令人精神振奮。

也許你為了去海邊拚命存錢。你有六個月的時間，希望銀行帳戶達到一定的數字，才能為這趟旅行存夠現金。接下來六個月的外食預算削減一半，聽起來可能很苦，但是你之後就能去海邊大吃大喝，玩得痛快！也許你一直想學習烤出漂亮的水果塔和鹹派。報名參加烹飪班就得每週抽出一個晚上學烘焙的基本功。此外，你還得練習才能熟能生巧。（我可以自願試吃嗎？）等到你端出可口的甜點給親朋好友時，所有辛苦都值得。無論需要犧牲什麼或節省多少錢，只要是為了達成更美好的目標時，你就有希望和動力，不斷向前推進。

溫斯頓和我最近剛為短期夢想存夠錢。我們知道，一旦第三個孩子出生，我們就想換新車，我早看上先前提過的廂型休旅車。沒錯！身為三個孩子的媽媽，廂型車就是我的夢幻車。我可以聽到黑特粉說：「這不是酷炫的媽媽車！」聽我說，這部車的配件和功能多過我以前那部休旅車，價格還更低！還有哩，座椅可以左右移動，孩子上、下車更快，更別說車門自動開關等等。（在另一個平行宇宙，我可以去賣廂型車！）這個短期夢想需要發揮紀律，存下我們需要的金額。為了買廂型車，我們不得不拒絕某些有趣的事物，但我很感恩我們做了，因為我現在每天都能享受這部車。

●長期夢想

實現長期夢想需要兩年以上的時間，可能是因為規模更大（例如付清房貸），可能是因為發生在較晚的人生階段（好比退休儲蓄）。此外，長期夢想往往包括我稱之為「就能」的內容。你想累積財富，就能自由追求你最看重的事物。你想累積財富，就能為發展中國家的偏鄉蓋學校。你想累積財富，就能支付孩子的大學學費。同樣地，還清債務不是終極目標。累積財富甚至不是終點，你想還清債務，累積財富，就能過你想要的人生。

為長期夢想存的錢，顯然遠遠多過短期夢想。如果你是務實型，長期夢想可以讓你如釋重負，因為時間站在你這邊，可以幫你完成。實現長期夢想所需的圖表、數字和計畫不一定要在一夕之間完成。對於夢想型而言，你們可能需要深呼吸。耐心是關鍵，不要因為時間的長度而氣餒或心灰意冷。如果你願意致力於這些目標，就能長期保持積極、有動力。長期夢想可能是：

1. 創辦並發展自己的企業。
2. 大力支持解救婦孺免於人口販賣。
3. 經濟有保障，你就能自願花時間幫助別人。
4. 做好準備和存錢，你就可以安穩退休，不必擔心錢。
5. 資助別人收養孩子。

考慮長期夢想時要記住，人生在短短五年內可以發生莫大變化。你可能五、六年前有個夢想，但你很慶幸沒實現。你的夢想可能隨著時間而改變，記住，許多變化都操之在你！

寫這本書時，溫斯頓和我正在努力實現一個長期夢想。我們幾年前就知道，等到大女兒上幼稚園，我們想搬家，所以一直為這個目的存錢。我們前段時間開始物色，相中的地方出現一個新社區，那裡有幾塊空地。經過一番協商討論，溫斯頓和我決定從蓋房子開始，雖然我們之前沒認真考慮過。

我們聽過很多夫妻共同蓋房子的恐怖故事。所以我們進入這個階段之前，盡可能多方考慮、準備。走筆至此，我們離搬家只有幾個月的時間了，這確實是我們夫妻協力的最有趣工程。我們常笑著說溫斯頓有一千個嗜好，我一個也沒有。（好吧，我總說人際交往是我的愛好，因為我喜歡和朋友一起吃頓大餐！）但是過去一年，一起蓋房子已經成為我們最愛的嗜好。

令人驚訝的是，儘管房子本身很棒，儘管我很期待住在新家的下一個階段，實現這個夢想的過程和實際完工的房子一樣，都讓我們感到精神奕奕。在努力實現夢想的過程中，有一點令人覺得自己格外強大。因為我一生都遵循「循序漸進法」，溫斯頓和我已經處於「循序漸進法」的第七步，我們希望不舉債就能蓋完新家。所以我們收緊預算，省下每一分錢，經常對自己說不。我們為了實現夢想而犧牲、月復一月地努力節流，這個過程其實相當有成就感。

●共同的夢想

考慮你的夢想和看重的事情時，希望你也能想想最愛的人。你為共同的夢想存錢，不只是你牽涉其中，也不只是為別人慷慨解囊。你希望和你喜歡的人共同實現。

我先前提過，除了蓋新家之外，溫斯頓和我沒有共同嗜好。你不會發現我和他一樣，熱愛在嚴寒中紮營！如果你已婚，另一半很可能與你恰巧相反。外向的人往往與內向的人結婚，花錢型找到存錢型，按部就班型看上自由奔放型。

我喜歡紐約市，如果可以，我明天就想搬過去。相反地，溫斯頓會搬到阿肯色州的鴨棚。那些事情不會改變，我永遠不想住在偏遠的地方，而溫斯頓絕對不想住在曼哈頓這個水泥叢林。這也沒關係！

儘管我們各自興趣不同，但我們共同創造兩人熱愛的人生。在十年的婚姻生活中，我們不僅學會支持對方的激情，還學到團隊合作。團隊這個詞很重要，如果夫妻在不相交的路上奔跑，你們的婚姻生活不會成功。與伴侶一起做夢，是拉攏兩人的做法之一。既然兩人恰巧相反，倚靠對方的優勢可以幫助你更欣賞、尊重對方。

溫斯頓和我一起做夢時，我們並不膽怯。想像未來之際，我們的獨處之夜更開心。我們會從大話說起：「如果五年後不必擔心錢，我們的理想生活是什麼模樣？」我們從那裡開始想像。我們會去哪裡旅行？我們如何慷慨解囊？我們的孩子會上哪間學校？我們會住在哪裡？沒有什麼事情不能談，我們就像小孩子，在想像中創造理想世界。這真是太有趣了！當我們之後看到夢想成真，可以一起慶祝，說：「哇！我們協力合作辦到了！」

與伴侶一起做夢，最扯的是竟然還能改善你們的關係和金錢。當你和伴侶對共同的夢想有共識，對你們的人生和婚姻方向也有共識。一旦你們對人生和婚姻走向有共識，自然對理財也有相同看法。先好好想一下。你和配偶有共同的夢想，你們的關係會更和諧。事實上，承認婚姻生活愉快的人當中有九成四都一起追求長期夢想㊲。

想像一下，知道你和伴侶有確切的努力方向，而且對每個月的預算都有共識。你們相處不再是角力鬥爭，沒有冷暴力。雙方都往同一個方向努力，關係一定和平，你們可以取得莫大進步。如果財務上或私底下有困難，一起做夢可以保持動力，繼續共同成長。

如果你未婚，共同夢想可能是和媽媽一起參加有趣的暑期班，或與好朋友共度夢

㊲ 作者註：〈金錢、婚姻和溝通〉，美國家庭中的金錢狀況，二〇一七年二月七日刊載。

想的假期。如果你是單親，共同的夢想可能是和孩子一起創制嶄新的節慶傳統。仔細想想你希望和身邊哪個人一起建立回憶，用哪種方法共度時光才有意義。接著計算這些體驗需要花多少錢，並開始存錢。無論你的感情狀態如何，不要因此放棄創造你所熱愛的人生，你會錯過很大的人生意義。

現在已經討論過如何做夢、夢想的種類，我們繼續往下探討。要創造你喜歡的人生，還需要做很多事情。

你真正想要什麼？

我們談論夢想以及為將來存錢時，要牢記幾件重要的事情。首先，我們必須承認，夢想並不平等。你想過這一點嗎？唐諾・米勒（Donald Miller）在《把人生變動詞——用行為改寫你的生命故事》（A Million Miles in a Thousand Years）一書中，講述某個男人的故事，他的人生夢想是擁有一輛「富豪」。這個人為了這個唯一目標工作一輩子，到了樂聲漸漸響起的故事尾聲，終於排除萬難實現夢想時，這個垂垂老矣的男子上了「富豪」……聽好嘍……然後開走。

觀眾說：呃，誰在乎？這有什麼意義？大家會客氣地幫他拍拍手？

各位，我絕對欣賞好車，但人生的價值絕對不只是努力買豪車。我們可能喜歡買輛好車（這可能是夢想的一環），但我們的夢想應該比買車更大。夢想能讓我們早晨離開被窩，可以激勵我們，挑戰我們，讓我們變得更好。夢想應該改變世界——無論是對我們或對他人都是。

所以談到創造你鍾愛的人生，說的是追求有意義的事物。額外的東西（想想Instagram上的#幸運貼文）很有意思，但就僅止於此——那是附加的。

此外還要記住，你的夢想可能不同於最初的認定。我的意思如下：好比我剛問你有何夢想時，你的第一個想法是為家人買間更大的房子。希望給家人更大的空間沒錯，其實你想要的可能不是更多臥室。真正想要的是與家人共度更多有品質的休閒時間，更常與家人一起過節、慶祝、過每一天——這都能透過其他方法實現，而且往往花費更少。

追逐夢想之前，花一點時間探索每個夢想。問問自己，為什麼想要那項特定事物。為什麼它對你有特殊意義？這個夢想將如何影響你身邊的人？這類問題可以幫助你清楚瞭解你真正想要的是什麼。

實現有意義的夢想

一旦確定夢想，就得排出優先排序。看過別人用大小不一的石頭裝滿水桶嗎？有意思的是，如果一開始先放小石頭，就永遠無法放入大石頭。但如果從大石頭開始，大石頭和小石頭都裝得進去。優先事項也一樣。如果從比較容易的短期夢想開始，在達成超級重要的夢想之前——例如還清債務、儲蓄退休基金——你就會耗盡資金。長遠來看，對你有害。如果你從最大的夢想著手，小夢想也會一件件達成。

排出夢想優先順序的最好方法是遵循「循序漸進法」。正在償還債務時（第二步），繼續懷抱夢想，但還不要花錢。等到你存夠完整的應急預備金（第三步），就開始為退休儲蓄（第四步），然後才為夢想假期存錢。也許要花更長的時間，但你仍然可以同時進行。你不希望六十五歲還落得沒有錢用。

如果你是夢想型，每天都有新想法，或者你是懷抱許多夢想的務實型，恐怕你得想清楚要為哪幾項存錢，做出艱難的選擇。所以知道你的存錢原因才這麼重要。透過你的存錢原因和夢想過濾新想法，為你和家人做出最佳決定。假設你有兩個不相上下的夢想，一個是在可愛的新英格蘭小鎮故鄉養大孩子，另一個是在大城市資源匱乏的學校教書，你無法同時做到這兩件事，就得二選一。可以用其他夢想幫助你做決定，如果你另一個夢想是讓孩子在祖父母身邊長大，就得先擱置你的教師夢，先等孩子長大。

一旦夢想有了輕重緩急，你決定將一家人搬回新英格蘭，再把夢想分解成更細的階段，並且分配預算金額。你的務實面就在這時候派上用場。（切記，要實現夢想，我們都需夢想型和務實型的層面。）思考完成夢想需要哪些步驟：你必須搬家、找新工作、為一家人找個完美新家。

如果沒有錢，這些事情都不會發生，所以你必須為此存錢，為實現夢想的每個步驟規劃金額。

1. 找新工作——五百美元（為幫忙找工作的人付咖啡或午餐費用，或花錢請人潤飾履歷）。
2. 在理想社區找到新房子——三萬美元（用於支付頭期款和過戶結算費）。
3. 搬家——六千美元（搬家的費用）。

接著設定你實現夢想的務實時限，這就是你的計畫。如果你能堅持照做，在必要時重新調整，最後一定會達到目的。

你的夢想可能比較小，不是徹底改變人生。也許你只是希望有時間、預算上陶藝課，或者遊覽你的旅行夢想地點。道理都一樣：先在紙上擬定計畫，細分成好幾個階段。然後專心一志存錢，實現夢想。

你是否為開始做夢而感到興奮？懷抱夢想、存錢，對你創造嚮往的人生有重大影響。準確指出你身為務實型或夢想型的優勢，可以幫助你加速實現夢想。當你致力於夢想時——鎖定反映你的價值觀和存錢原因的最佳夢想——就有動力繼續儲蓄。你存得越多，越有追尋夢想的自由。辦個夢想大會、製作夢想板、寫封信給未來的自己，敘述你十年後的人生。挖掘這些夢想背後的原因。無論如何，就是要發現和改善你的夢想。你疲憊時才有動力，日常生活分散你的注意力時才能保持專注，向前邁進時才能隨時有指引。

輪到你了

1. 你是夢想型還是務實型？你怎麼知道？

2. 寫下你的大夢想。其中至少包括一個短期夢想、一個長期夢想和一個共同的夢想。（當然也可以更多！）等到你八十歲，會後悔沒做什麼？一定要花一些時間探討每個夢想背後的重要因素。

3. 現在你已經寫下夢想，哪些需要制定計畫和存錢？寫下實現夢想的步驟就開始儲蓄！你辦得到！

第12章
奉獻的動力

我們已經討論你的理財心態，以及你現在這種花錢和存錢方式的背後原因。希望你發現，金錢不只是需要解決的數學問題。你從這些理財方式瞭解自己，其中最重要的事可能是瞭解你的心聲。

有個朋友告訴我，他認識的某位成功商人以三千萬美元賣掉他的公司。這個人很聰明。他已經還清所有債務，並且在出售公司之前做過深入的遺產規劃，三千萬美元大半都被存進銀行。我們多數人大概會買艘船，揚帆出海，進入退休生活！他有嗎？沒有。他立刻投入勞動市場，找到另一份工作。

我的朋友以為這個人回去上班，是因為他喜歡挑戰或想保持思路敏捷。當他實際問這個人之後，對方回答：「我從小睡在泥土地長大。只要繼續工作、賺錢，我永遠不會回到那種日子。我只是不想失去我的房子。」即使他名下有數百萬美元、兩間沒有房貸的房子，他依舊無法擺脫最終會睡回泥土地的恐懼。這個人顯然有匱乏心態（我們在第4章談過），他成長的理財課堂告訴他，金錢帶來安全感。這是錢的問題嗎？不是，他的錢絕對足夠。這是心態的問題——這種問題可以綁架我們一輩子。

我教授理財原則時，一旦開始談論捐獻，人們常常一臉困惑。償還債務、規劃預算、創造財富都有道理，結果我後來卻說該捐出一大部分，大家歪頭表示不解。有什麼意義，對嗎？如果要捐出去，何必這麼努力累積財富？

妙就妙在這裡了：金錢的意義不只是金錢。大部分人認為，只要達到一定的目標，好比銀行帳戶有特定的金額，他們在財務上就安定無虞。事實不然。我多年來視個人財務為生命，有個深奧發現：**真正的財務安定不會發生，除非你是樂善好施、心胸開放的付出者。**怎麼說呢？因為奉獻會改變你。

多數人沒想到這個問題：一旦你的淨資產達到十萬美元、一百萬美元或一億美元，如果你的心還沒有因為奉獻而發生根本性的改變，你以前對財富不足的焦慮，將由失去現在所擁有的新焦慮取代。因為財務安定不僅與數學有關，宇宙無敵富裕的人，仍然超級害怕金錢。所以我們討論過你的支出和儲蓄，現在還要談談你的奉獻，以及奉獻給你的回報。光知道如何為自己創造財富還不夠，即使你無債一身輕，名下有幾百萬的資產，除非你與他人分享，否則你永遠不覺得安定。

大方或吝嗇

你可以用兩種方式思考金錢——兩種都會影響你的內心狀況。你可以慷慨大方，彷彿你是金錢的管理人，想好好加以管理，或者可以吝嗇度日，彷彿金錢是你的，需要為自己留下每一分。我解釋一下。

捐獻量表

大方 ←→ 吝嗇

想像你的拳頭緊緊握著一張摺好的百元鈔票，沒有人能夠從你手中撬開它——

這就是吝嗇，也是世上多數人對待金錢的方式。很多人只關心自己，他們擁有的一切——金錢、時間、物質——都留給自己，慷慨不在他們考慮之列。有時人們這種心態是因為這是文化標準，有些人則是因為對金錢的恐懼，或成長過程養成的心態。吝嗇成為防禦機制，與安全感有關。為應急預備金、退休和夢想存錢顯然很明智。這裡所說的是囤積。銀行帳戶的數字越來越龐大，你就能輕易得到安全感，甚至自我感覺良好，卻也導致人生焦慮、空虛。

我們的女兒卡洛琳正在學走路，已經進入「我的」階段。事實上一夕之間，她最愛說的兩句話就是「我的！」另一句則是我們想幫忙時的「不用，我會！」妳好啊，自立自強小姐！如果有玩具，甚至只是水杯，就算旁邊沒有人，她也會一把抓起來，大聲說：「我的！」她第一次這麼說的時候，溫斯頓和我只是相視而笑。我們知道養育孩子的這個階段（完全正常）已經開始，趕快把握機會教她分享。幼兒喜歡緊緊抓住他們最喜歡的玩具——用他們可愛的小拳頭以不可思議的驚人力量抓著。我們大人對金錢和生活中所有珍惜的東西也有同樣反應，我們用力抓住，隨著歲月流逝，我們只會越來越自私，越來越恐懼。

現在想像一張百元大鈔放在你張開的手中——你攤開手掌，百元大鈔就放在手上。任何人都能過來搶走，突如其來的風也可以把它吹走。以這種方式看待你的錢——張開手心——起初可能是壞事，其實不然。慷慨的心態表示你明白沒有任何東西屬於你，這個概念可以應用到你的錢、財物、家庭、工作——人生任何事物。因為你不是擁有者，你可以放鬆地看待事物，財物出入都很容易。這時候，你會近距離見證上帝不僅利用你所管理的資源幫助別人，也會看到祂如何繼續照顧你的需求。你越常看到神在行動中的信實，你的心越信任主，越感恩、越有同理心。

作為一個基督徒，我相信我是為上帝代為管理，我並不擁有任何東西。祂把這一切交給我，委託我為他人和我家庭的利益處理祂的錢。我非常認真對待這個角色，明白主用我的東西影響他人。所以我銀行帳戶裡的錢不只為了滿足我的私欲，還有更重要的用意。

這讓我想起我的朋友諾拉，她去尚比亞與當地孤兒院和學校合作。某次去探訪學校，有個大約七歲的男孩搶走她頭上的波士頓紅襪隊帽子，和她鬧著玩。諾拉陪他玩，他們笑得很開心。她要離開學校前想拿回帽子，男孩拒絕了，戴著帽子跑開。這種事情常發生在帽子和飾品上，諾拉不特別驚訝。孩子總想要個紀念品，對美國文化又很著迷，特別是商標的東西。其實她常把小東西——如墨鏡或圍巾——送給她遇到的孩子。但這頂帽子行嗎？這頂帽子很特別，是她在波士頓芬威球場過了開心的一天之後買下。那頂帽子有許多她的美好回憶。

諾拉覺得自己很可笑、自私，竟然考慮不肯把帽子留給這個可愛的男孩。一頂帽子就能給他帶來如此多歡樂，她怎能緊抓著不放？這是人類常見的掙扎，我們想留下自己的財物。我們很難大方分享財物和金錢——即使是一頂波士頓紅襪隊的帽子也很難放手。

諾拉最終還是把帽子留給小男孩，但也經過一番激烈的掙扎。她在離開之前和他合照，現在她對這些照片的珍惜程度不亞於那頂帽子。她開車離開學校時，男孩戴著新帽子跟著車子跑，笑容燦爛。諾拉永遠不會忘記這個珍貴的故事——因為那一刻，她意識到慷慨大方帶來的收穫，遠遠大於她所付出的。

為什麼要樂善好施？

在〈路加福音〉第十二章第十六至二十節，耶穌講述一個心態有問題的財主的比喻：

有一個財主田產豐盛，自己心裡想說：「我的出產沒有地方收藏，怎麼辦呢？」又說：「我要這麼辦：要把我的倉房拆了，另蓋更大的，在那裡好收藏我一切的糧食和財物，然後要對我的靈魂說：『靈魂哪，你有許多財物積存，可做多年的費用，只管安安逸逸地吃喝快樂吧！』」神卻對他說：「無知的人哪，今夜必要你的靈魂，你所預備的要歸誰呢？」

你的財務狀況到了某個階段——就像我之前提過的生意人——你只是建造更大的穀倉。你相信穀倉裡的東西能使你免於睡在泥土地上，而不是相信上帝。你相信數字龐大的銀行帳戶會保護你免受麻煩，不相信到頭來要靠上帝保護。這時無論你累積多少財富，永遠不夠。

即使你不相信上帝，仍然會發現我所言不假。深信你得自己承擔一生每件事情，只會導致終生恐懼。如果你小氣吝嗇，以為人生中的一切都完全取決於你，你將會筋疲力盡，苦不堪言。而且無論你擁有多少，都不夠。

我之所以教人們立即開始奉獻，甚至在他們存下第一步提到的一千美元應急基金之前，是為了獲得財務安定，你必須同時解決你的數字和心態。唯有把金錢當成工具，而不是主人時，你才有真正的財務安定。你的靈魂全靠你自己或錢財，就不可能有平安。

奉獻這個機制幫助你瞭解真正的安全感。奉獻幫助你再次打開掌心，相信如果你分享所得，你的需求也會得到照顧。奉獻到頭來可以釋放你的靈魂。

大方奉獻的福氣

當你覺得極度厭倦，決定好好理財，你只想看到進展。「用奉獻解放靈魂」聽起來立意良善，其實你念茲在茲的是攢下一千美元的初步應急預備金，以及還清所有債務。我完全理解！你想控制數字時，叫你捐錢似乎很瘋狂。所以我想讓你看看捐獻能帶給你什麼。如果你剛學「循序漸進法」，或者還不相信你應該奉獻，請看下去，你可能會很驚訝。

● 大方奉獻讓你更加無私

慷慨的第一個禮物是我們因此成為更好的人。我們的社會文化注重我、我、我，社會教我們要關注自己，關注我們的幸福、我們的感受、我們的外表。仔細想想，我們手機正面有個鏡頭幫自己拍照，難道不瘋狂？希望大家對抗這種文化，因為自私不會帶來寧靜或喜樂，反而直通空虛。

我們教幼兒分享，他們才能成為更好的人，幫助他們學會為人著想，表達同理心和善意。奉獻之於大人，就像分享玩具之於孩子。身為成年人，每次奉獻都讓我們更不自私。無私的人更能當個好鄰居、好丈夫、好妻子、好媽媽、好爸爸、好朋友、好領袖、好組員。奉獻將我們塑造得慷慨、有愛心、和善、大方，我們本來就該成為這樣的人。

●大方奉獻帶來喜樂

奉獻的第二個禮物是喜樂。各位，我們花了那麼多錢為自己買東西，以為這樣就能快樂起來（暫時），其實奉獻才能帶來真正的喜樂。如果你曾經匿名送錢給人，當他們發現你留下的禮物，你就知道看著他們的表情變化多麼有趣。如果你曾經送禮給孩子，就知道他們打開禮物多開心。甚至在得來速為後面的人付錢，也很有成就感！我們得到的快樂，價值勝過我們在某人午餐花的十美元。奉獻可以提高捐贈者、受贈者的生活品質，甚至連旁邊的見證者都受惠。

藍西顧問公司的聖誕節赫赫有名。每年都有一個團隊負責計畫公司的聖誕慶祝活動，而且每次活動都超出我們預期，從無例外。二〇一九年，公司的營運委員會邀請當地某家育幼院的管理員加入十二月的團隊會議。他們受邀上台，我們謝謝他們的犧牲奉獻——然後送給每個人兩千美元，請他們為自己的孩子買聖誕禮物，另外又送了一千美元，請他們花在自己身上。我環顧團隊目睹這件事，告訴你，大家頻頻拭淚。

即使只是看到慷慨樂施的行為，我們也會因此改變。

●大方奉獻建立你的信仰

奉獻的第三個禮物就是建立你的信仰。我們談到有人認為人生只能靠自己，有人只祈禱，彷彿一切都要靠上帝。捐出你養家餬口的錢財不是小事。但是當你付出時，就會清晰看到神的信實（God's faithfulness）。就拿家庭主婦琴恩當例子吧，她的丈夫是公校教師。當他們執行「循序漸進法」時，預算非常非常緊，但他們還是願意奉獻。

她說：「我記得我們當時只剩一塊錢，我祈禱丈夫在下一次發薪水之前不會把汽油用完。丈夫有個同事想搭便車回家，這位同事在途中堅持加滿油，表示感謝。那件事情再次提醒我們，只要把上帝放在第一位，祂一定會照顧我們每個需求。」奉獻讓我們親身體驗神的信實，進而鞏固我們的信仰，深信主會照顧我們。

人們不奉獻的最大原因

我們已經討論慷慨大方才能讓我們得到財務安定。現在看看人們不奉獻的最大原因：因為他們沒賺到足夠的錢。

談到奉獻時，我總是建議從收入的一成開始。這是基本，來自於《聖經》中什一奉獻的概念。（當你在「循序漸進法」一至三步時，你只要付這麼多。一旦進入第四至七步，你就可以奉獻一成以上。）不可避免地，當我說到一成時，總有人說：「瑞秋，我賺的錢根本不夠，更別說捐那麼多了！」

如果你就是這麼想，我聽到了，聽起來似乎辦不到。多年來，我曾陪同許多人一起審查他們的預算，他們常說，到了月底就沒錢可給了（通常也沒錢可存）。我的回答從沒變過：他們的預算反了。

奉獻的有趣之處在於你可以立刻開始——即使你正處於「循序漸進法」第一步，即使你是月光族，即使你有大筆債務，奉獻是「直接反應」，一拿到薪水的當務之急，而不是最後一件。奉獻甚至是我們「每一元」規劃預算應用程式的第一行。奉獻不是等你有餘款才做，是你的首要任務。剩下的錢財拿來當生活開銷、償還債務和儲蓄。奉獻之所以擺在第一位，是因為它對你的心靈如此重要，比更快償還債務更重要。奉獻比為退休生活儲蓄，或更快實現夢想重要。你跳過這個步驟走捷徑，就無法獲得財務安定。

請聽聽我的心聲：**如果你到現在都未曾奉獻，我也不認為你是壞人**。請不要覺得羞愧！如果你覺得沒有錢可捐，我希望你明白，我們都可以選擇如何花錢。除非情況特殊，否則真正的問題是因為奉獻不是優先選項。你是否每個月都在餐廳花一大筆錢？你是否總有辦法購買新穎的科技產品，或觀賞你支持的足球隊比賽？如果是，那些事情對你來說才是優先選項，奉獻不是。你怎麼知道你最看重什麼？只要回顧你過去幾個月如何花錢，就能清楚看出你的優先順序。

如果你發現自己不確定該不該大方奉獻，其實我們都經歷過。我鼓勵你找出原因。為什麼你覺得需要緊緊抓住你的財物？是因為你的理財課堂嗎？你是不是太過依賴金錢給你安全感？是不是你想獲得某種身分地位，才覺得受人讚賞、認可？是否對某件事情感到恐懼？瞭解你為什麼不想捐獻，將幫助你面對和克服真正的心結。

如果你覺得很難做到樂善好施，不代表你不好——只是意味你需要協助。也許你需要更多知識，才知道如何控制錢。也許你需要面對你的恐懼。也許你需要幫助，阻止自己。承認這些事情並不丟人！你只要避免什麼都不做——從長遠觀點來看，這只會傷害你。

奉獻的最佳方式

由於奉獻是實現財務安定的基礎，我們花幾分鐘擬定奉獻的最佳策略。捐錢有兩種方式：捐給組織或捐給個人、家庭。我們分別簡要探索。

如果你是基督徒，我認為第一成捐款應該給當地教會。除了這第一成之外，如今有許多非營利組織對人們的生活有莫大影響。每個組織都獨一無二，都幫助世上需要幫助的族群。從支援寄養系統的家庭，到協助終其一生致力於解救人口販賣集團的受害者。這些組織改變了世界。如果你幫助發展中國家的育幼院購買一屋子乾淨新嬰兒床，任何新車都無法取代你看到那些照片的感覺。

你考慮贊助哪些組織時，問問自己最關心什麼。哪些公益事業或非營利組織最讓你激動？希望你環顧四周，想想要捐什麼給你中意的機構。我必須再三強調以下這一點：**花時間研究你捐款的組織**。確定你的錢真的用來助人，讓世界變得更美好。

你也可以把錢捐給有需要的個人。我喜歡聽誇張的捐款故事，爸爸每年的最後一次直播是見證大家的捐獻，觀眾打電話來分享自己如何受人慷慨解囊。這個節目很精采！我很喜歡。二〇一九年，有位牙醫為社區中無法負擔醫療費用的人提供一整天的免費牙齒護理。一名單親媽媽分享她經歷離婚時，有人免費提供了好幾個月的住處。另一名來電者談到，她的父母有一年經濟拮据。那一年，他們發現有人匿名在前門貼了五百美元。你在人們真正需要的時候送錢，可以真正改變他們的生活。但要確保你的禮物是幫助他們，不是縱容他們做出錯誤的理財決定。

關於奉獻，還有一點也很有意思，奉獻不僅限於金錢。你也可以奉獻時間、才華、資源，和你的財物。奉獻時間從志工服務到為親友撥出時間都算數。告訴你，我這幾年來數度成為這種奉獻的受惠者。我的每個孩子出生時，打電話或傳訊說他們願意幫忙的親朋好友，多到我開心地招架不住。我有朋友過來打掃我整個家，謝謝妳，亞曼達！我說我不需要，但她堅持，我永遠感激她。她第一個孩子出生時，有人為她做了這些，她說她想把這份禮物傳下去。對我來說，意義重大。

還有一個朋友告訴我，她的祖父去世後，他的孩子才發現，他每週去圖書館大聲朗讀兩小時，錄製有聲書。圖書館寄信給他的家人，感謝他投入大量時間為他人閱讀書籍。圖書館員在信中分享她的祖父如何熱愛閱讀，希望與無法閱讀的人分享。他的家人很吃驚，他們根本不知情。諸如每週分享幾個小時的簡單事情，也能永遠改變鄰里的人生。

接著是奉獻才華。因為工作需要，我時常找專業人士做頭髮、化妝。有一次，幫我做頭髮的女士和我談起奉獻。她每年去納什維爾救援團兩次，為當地婦女化妝。這個小小義舉對這些婦女而言意義非凡——長久以來，這是她們頭一次有機會做頭髮和化妝。這是我見過的最酷的奉獻方式之一。另一位朋友是攝影師，每年聖誕節期間，她都會開放兩個週末，為那些負擔不起的家庭拍攝專業照片。想想你擅長的事情，你有什麼技能可以幫助別人？發揮創意，開始幫忙吧！

你也可以奉獻你的資源和財務。去年我去某個教會演講，他們有個不可思議的事工，專門服務單親媽媽。他們有個汽車事工，免費為她們修車。她們要買新車時，教友甚至會捐出汽車。顯然你必須經濟狀況寬裕，才捐得起汽車，但這對那些母親而言是多棒的禮物！考慮大方奉獻時，不要局限於金錢。好好考慮你可以樂善好施的所有方式。

●當奉獻進入自動駕駛狀態

論及奉獻，我得給你一個忠告：要注意奉獻不要在情感上進入自動駕駛狀態。捐贈隨手可得或便利的東西無法讓你的心靈成長。為了讓你成長，奉獻的方法和數量必須讓你略感不自在。

記得我們在第4章談到有計畫地捐獻和想捐就捐嗎？有些有計畫捐獻型喜歡每個月從帳戶自動轉帳捐款。溫斯頓和我這麼做是為了簡化生活。我們幾年前發現，我們無意中對奉獻變得無動於衷。我們大幅調整，增加捐款，逼自己感到不自在。我們還決定奉獻更多時間。因為工作安排和出差的緣故，時間對我們而言格外寶貴，這是我們鞭策自己更無私的另一種方式。無論你是剛開始奉獻，或是已經行之有年，當你尋找現在最好的奉獻方式時，要注意你的心靈狀態。

奉獻克服恐懼

奉獻頂多給人不必要的感覺，尤有甚者，則讓人覺得害怕。奉獻可能很困難！但我想請你試試看。就其核心而言，奉獻是恐懼的終極解藥。如果你擔心不會有足夠的錢，或得不到你需要的東西，人類的自然反應是囤積自己已經擁有的物品。其實這與你的需要大相逕庭。為了克服恐懼，你需要付出更多。

缺乏奉獻是警示燈，表示我們把信任——我們的心——放錯地方。無論你是害怕睡在泥土地，或害怕無法為孩子買生活用品，或擔心開破車會被鄰居品頭論足，我希望你能體驗大方奉獻如何改變你的心靈和思想。你會體驗到神的信實，你的心更寬廣。你開始越來越常看到自己以外的事物。有趣的是，當你不再只關心自己，新的可能就會出現——新的創造力、新的收入來源、新關係、新機會。當你大方奉獻，就有空間讓這些可能自由出入。當你付出時，你釋放自己免於恐懼，解開阻礙你的限制。

如果你以前從未優先考慮奉獻，請試試看。開始找機會慷慨解囊，即使是小事也無妨。看看奉獻對你的心靈、你和周遭親友的人生有什麼影響。你一定會和我有同樣發現——運用金錢最有趣的方式就是奉獻。

輪到你了

1. 讀完這一章之後，你在大方／吝嗇量表的落點在哪裡？你需要採取哪些步驟，才能更接近大方那一端？

2. 看看你目前的預算。奉獻是第一行嗎？表單上到底有沒有奉獻？

3. 奉獻是如何改變你或你認識的人的生活？

4. 花一分鐘想一想你這個月可以透過哪四種具體方法奉獻——哪怕是小事——致力於付諸實行。一定要反思這些經歷，想想你和他人如何受到影響。

第13章 你有多投入發財致富？

我很高興當溫斯頓・克魯茲的妻子。各位，我知道這聽起來很噁心，但這是我的真心話。嫁給他的婚姻生活是我這輩子最開心、最充實的事。當然這些年來不是只有粉紅泡泡，但無論如何，我絕不肯放棄當他的妻子。

我們結婚五年才決定生孩子。請想像以下情景：時間是十二月，我懷孕五個月，溫斯頓和我在家。屋裡放著聖誕音樂，我們正一起裝飾聖誕樹——我很愛做這件事。我突然開始哭，不是嬌滴滴的啜泣，而是火力全開的情緒崩潰。

溫斯頓當然擔心，問：「寶貝，怎麼了？」

我哭著告訴他，我很愛我們的兩人世界，我剛發現這將是最後一個兩人世界的聖誕節，我很害怕。有孩子之後，一切都會改變——我們如何過日子、吃什麼、什麼時候睡覺，每件事都會不一樣！如果放棄熟悉的生活，從長遠來看其實不值得呢？**如果生養孩子毀了我們的人生怎麼辦？**

可憐的溫斯頓！

他溫柔地聽懷孕的妻子說完，並且提醒我，明年聖誕節就有一個可愛的女嬰和我們一起過節。我們仍舊在一起，而且更美好，因為還多了一個女兒。一切都沒問題。當然，幾個月後艾米莉亞出生，她立刻偷走了我的心。我告訴溫斯頓，如果我知道女兒這麼棒，早幾年就該把她生下來！問題是，無論改變的原因多神奇、多美妙，都可能很困難、令人不自在，即使我們知道，這個改變是為了我們好。我們通常喜歡熟悉的事物，**即使不熟悉的事物更好**。

希望你看到這裡，對自己、對你的錢、對你的人際關係都已茅塞頓開。我希望你就像我一樣，看到你想改善的理財方式之處。在你急於改變生活之前，如果你曾試圖改變，卻沒有結果，請舉手。舉手的各位，你有很多同伴。做出永久改變可能很棘手，所以你需要瞭解的最後一件事，就是你到底有多大的決心要發財致富——又該怎麼做。我不希望你只是對自己有些耐人尋味的發現，但金錢和人生卻毫無改變。

投入或參與

最近我和父親談到行為改變，有些人致力於投入，可以做出莫大犧牲，有些人只是參與，試試水溫，卻不肯改變原來的生活方式。他提醒我一則雞和豬的寓言。

他說：「瑞秋，參與和投入的差別就像培根蛋早餐的雞和豬：雞是參與，豬是投入！[38]」

我被逗得哈哈大笑，但想到持之以恆的改變時，他的笑話完美描述決心大小如何影響我們的生活。花一分鐘想想自己。在你的人生或金錢方面，有什麼是你想改變或改善的嗎？如果有，你下了多大的決心改變？你是投入或參與？一旦瞭解之後，你就會知道如何擺脫困境，開始取得真正的進展。

---

[38] 因為雞只負責下蛋，豬卻用生命經營。

決心量表

投入 ←→ 參與

決心量表的一端是百分之兩百的投入！無論眼前有多少障礙，沒有人可以阻止你。你願意高空跳水，沉入深淵。你恪守「循序漸進法」，因為你全心全意地相信。參與的那端則是雖然有興趣，但比較像袖手旁觀，或只是進行短期實驗。你正在斟酌嘗試某個想法的部分內容，但並未全心接受。你只是用腳趾碰碰水。這就是「稍微」：你用「稍微」的心態執行「循序漸進法」，表示你只做了一半。

你在這個量表上的落點很重要，因為你對改變的決心有多大，直接影響到你多快能在生活中看到真正永久的結果。你對「循序漸進法」越投入，就能越快地發財致富，得到財務安定。如果你只是參與，就需要更長的時間達到目標，而且你可能漸漸又開始欠債。

這個量表和先前提到的不同，甚至不是所有人都落在這個量表上。這個量表只適用於想控制錢財，並且願意採取行動的人。如果覺得規劃預算或無債人生的想法只是有點意思，卻沒有動力改變財務狀況，他們既不是雞也不是豬。他們只是坐在隔壁看早餐的菜單。我們就來討論投入和參與吧。

什麼是投入？

這麼大的決心屬於完全不同的層次。你不是一夕之間就做到這個程度，你的信念和行動越來越強大，現在已經深植你心。這種決心表示你不會偏離立場。你正在執行藍西顧問公司的「循序漸進法」——而不是你自己的版本——而且勢不可當。然而你不是聖賢，偶爾一定會犯錯（謝謝你，寬恕！），但你能認清事實，盡快回到正軌。當你真正堅決投入，絕不可能重新負債。

我喜歡聽投入的人說話。最近一次的現場活動，我就碰到一個人，他向我們分享他的故事。他剛大學畢業就欠下四萬美元的債務，當時他的年薪還不到四萬美元。他按照「循序漸進法」在兩年內還清債務，並且在十年內成為百萬富翁。當時他每個月都有額外收入，決定以每月一千美元的價格租賃一輛名車。是的，你沒看錯。他租車沒多久，就發現自己無法忍受。問題不在於借貸金額，而是原則問題。他就是不能為車子欠債。他不想開了，解除租約，用現金買了二手車。快轉到十年後，這個人現在有幾百萬美元的身家，開著一輛有九年歷史的卡車，而且他很愛這輛車，計畫女兒開始駕駛之後就送給她。

這個人發生什麼事情？他決心恪守計畫，人生因此改變。不是只有財務狀況迅速改善，他也漸漸改變。以前讓他開心的事情現在無法讓他高興。如果你喜歡車，而且你有存款，當然可以買輛新車。事實上，如果你有一百萬美元或更多，買輛嶄新汽車是好事！一點問題也沒有。有趣的是，當你長期致力於妥善理財，你的決心不只改變你的財務，還會改變你。

你開始看到這些因素如何相輔相成嗎？當你花錢是為了自己而不是別人，當你為了追求你的夢想而存錢，當你大方奉獻、分享財物，你已經改變。經年累月下來，你越是用心做這些事情，改變越深刻。你有可能驚險完成「循序漸進法」第二步，用血汗淚水幫你們一家人擺脫債務——結果五年後，你走進汽車經銷商，貸款買了一部無法負擔的新車。用毅力堅持到底也只能維持這麼久。也許投入得從強迫改變行為開始，但長此以往，你會面對自己的本性。持久的轉變是發自內心，你才能還清債務，不再欠債。

不久前，我認識安琪拉。你可能知道她是YouTube和Instagram上的「還債媽媽」。她最近在Instagram上發布這段話，以及她家新沙發的照片：

耐心和知足。這兩個詞與四年前的我完全相反。我曾經很衝動，總是不滿足，那種生活很悲慘。我現在知道，這來自我童年時期的情感創傷，但我以前麻木無感，不知道如何改變。當我展開#無債旅程時，盡可能多存錢以便迅速還債的目標迫使我自律。我因此必須對#預算負責，並且自問人生爲什麼有這麼多空洞，以致花錢似乎可以暫時填補這種空虛。

〔但現在〕我改頭換面，因為……自從#無債一身輕之後，我們幾乎等了整整一年，才買這張該死的沙發！我們儲蓄了好幾次，但總有某些狀況發生，我們的優先順序就會改變。過去一年，那些醜沙發顯得如此微不足道，因為我們面臨人生更重大事項，例如新工作、新車、存退休基金和大學基金、歡迎家裡加入新寵物……以致我們不需要、不應該，也不覺得有權利買張新沙發。該來的時候就會來了……㊴

這就是投入。長此以往下來，這就是決心：你關心的事情有所改變。你變得知足、感恩、有耐性。是的，你花錢的方式不同了，這個外在變化只反映你的內心改變。

這種程度的決心不只改變你，還會改變你身邊的人，改變你的後代，以及得到你指點傳授的人。致力於投入的人可能很慷慨，因為他們在經濟和情感層面都有餘裕。當你日復一日承受壓力，為維持家庭生計而奔波時，幾乎不可能提高警覺，看到別人的需求。這不代表你沒有好心腸，是因為你沒有餘裕照顧別人。但是當你的財務井然有序，而且還有餘錢，就能致力於幫助別人。決心很強大，可以改變世界。

如果你已經在決心量表的投入這一端，不要忘記持續為你的信念和習慣注入熱情。所以持續懷抱夢想和設定新目標才如此重要，所以你長久以來才要留意你如何定位自己。那個租名車的人參加我們的活動，因為他需要戰友，他的身邊需要這些志同道合的「怪」人。很多財務安定學習中心的班長都說，他們喜歡帶領這些課程，因為他們也得到鼓勵。部落客說他們在網上記錄無債之旅，因為他們會更有責任感。連我爸爸都說，他喜歡做節目的原因之一，就是他有一千六百萬個問責夥伴。這些人都致力於投入嗎？那當然。

但人不是機器人。我可以和幾個閨密分享溫斯頓與我的人生起伏。我們都需要鼓勵，需要夥伴幫助我們長期堅持。投入的人會刻意想辦法為自己加油，並持續改善。

什麼是參與？

可以讓我說說我最討厭的事嗎？就是跑步。糟透了，我恨之入骨。說到健康和體適能，我第一個承認我沒有定性，我想把這一點推給我過去六年都在懷孕生小孩。要找到時間和動力健身實在很難。但是去健身時，我倒是很喜歡，而且全心投入。

㊴ 作者註：Angela Harmon（@DebtKickinMom）二〇一九年十月二十六日的Instagram貼文（獲得使用許可）。

克莉絲蒂・萊特（Christy Wright）是藍西團隊的一員，是我的好朋友，也是我的健身夥伴。說到運動，我和克莉絲蒂的最大區別是她是跑者。從十年前認識她以來，她都在參加比賽，例如鐵人三項、馬拉松、半馬，總之應有盡有。她甚至在跑步團體認識她的丈夫，但這也是理所當然。克莉絲蒂始終希望我和她一起跑步，有幾次還邀我一起參加比賽，我都禮貌婉拒，而且往往笑到眼淚直流。

納什維爾市每年都會舉辦搖滾馬拉松，這在本地是盛大活動。很多家人、朋友都參加，我們公司在那裡頗有影響力。幾年前，我發現馬拉松將在我三十歲生日前五天舉行。我心想，**如果在三十歲之前跑完一個半馬，該有多酷？**當時我一英里都跑不完，跑十三點一英里幾乎不可能。但我知道，經過適當練習，我的體能應該足以應付，只要我找到動力。

我決定參加半馬之後，直接去店裡買跑鞋。你知道跑鞋有多貴嗎？我先前完全不知道。也許是店員說服我買跑步襪，也可能不是。我還買了幾條短褲，兩件上衣，以及一個運動腰包。我花的錢比預期多一點，但我現在是跑者欸，我需要跑步裝備！我打電話給克莉絲蒂，把我的新目標告訴她，請她幫我制定跑步訓練表，並且監督我。

她很強勢，當我的教練再合適不過了。她第二天就給我跑步訓練表，我真的迫不及待地要開始練習。

練習的第一週很累，但我覺得很有成就感，即使我只跑了兩英里。到了第二週尾聲，我的動力開始減弱。到了第三週週末，好吧，我痛恨我的人生，我慘透了。第三週是我第一次「長跑」——六英里——是週六早上，地點是公園。我跑了第一圈，一英里，自己已經快崩潰。我知道我必須再跑五圈，但我當時已經超慘。我又跑了一圈，快跑完第二英里時，遠處出現來自天堂的訊息。上帝彷彿撥開雲霧，一束陽光直接打在我的車上。我看到車子之後，每根神經都想放棄，回家，在那個週六早晨與家人待在一起。

講到這裡，我真希望自己能說我鼓起勇氣、毅力完成那次跑步，幾週後在三十歲生日前完成半馬。可惜沒有。在公園裡的那個週六，我直接跑回車上，然後開回家！我放棄了。你沒看錯，我跑到一半就放棄。你們有些人心想，瑞秋，不！成功人士不會放棄。會的！聰明的成功人士常打退堂鼓，他們會放棄做蠢事。我決定，對我而言，跑步很愚蠢，而且我從沒後悔過。

我知道跑步對你有好處，但我當時沒下定決心。我的身體和行事曆必須因此大幅更動，我覺得不值得。我完全不想繼續練習。但我是否去參觀比賽，為其他人加油？是的。選手經過時，我在旁邊揮手叫好。我百分之百參與，只是沒致力於投入。那些投入並完賽的人最後獲獎，得到莫大的成就感和一塊獎牌。身為旁觀者，我完成上述任何事項嗎？沒有。這就是參與：你只是旁觀，沒辦法贏。

如果是馬拉松這類事情，你和我都可以選擇當觀眾，但金錢不能當成比賽來欣賞。你不能選擇袖手旁觀。你必須處理你的錢。你只能選擇被動或積極主動處理。

如果你對人生和金錢只是參與，就像夢遊。你只是過個場，但漫無目的，缺乏熱情。就像有人說：「我相信妳的教導方針，但我們只是……稍微做一下預算。」或說，「我們盡量不欠債，但我們上個月貸款買車子。」這種「稍微」的心態阻止你發財致富，減緩你的進度和成果。

全面致富的唯一方法，就是全力以赴地長期投入。你要旁觀還是發財？如果你讀到這裡，認為「投入」描述的不是你，要知道，並非只有你不是。現在多數投入明智理財的人都曾經只是參與，甚至包括我。我從小就討厭規劃預算，直到嫁給溫斯頓之後，我才開始努力投入。我總把規劃預算當成限制和約束，後來才明白，有預算才能消費，有計畫的生活才有自由。我發現投入理財絕對值得——不僅僅是因為你進步了，還能得到心靈平靜。

如果你讀到這本書，希望你能從觀望走上場獲勝，從參與走向投入。為了做到這一點，你必須改變。我們談談為什麼改變，以及如何改變。

為什麼會改變？

你想改變時，很容易落入這兩種狀況：要不就是不假思索地投入改變，雷聲大雨點小；否則就是花很多時間考慮，以致永遠無法開始。我們先討論爲什麼想改變，再看看如何改變。

簡而言之，我們想脫離困境或更上一層樓，變化就會發生。就兩者而言，都是先有狀況，我們才被迫採取行動。看看幾個例子吧。我常提到人們忍無可忍的時刻——也就是他們發現不能再繼續過以前的日子了。他們的人生行不通，再也受不了恐懼和壓力。

還記得安琪拉和Instagram上的沙發貼文嗎？大約四年前，她意識到他們家庭走錯路。他們去過聖誕節假期時，安琪拉收到簡訊指出一張信用卡已經刷爆。她很難過，甚至無法入睡，她就是那時列出所有債務。她震驚地發現，債務超過七萬七千美元！安琪拉當時就知道，非改變不可。

第二天早上，她請丈夫坐下來好好談，給他看了清單。他們決定一起徹底改變。一旦他們決定改頭換面，只靠一份收入生活的六口之家就在三年內還清這些消費債務。不到三年呢！現在他們正在同時進行「循序漸進法」第四、第五和第六步，儲存退休和大學基金，並且償還房貸，他們非常高興。他們改變生活，因為不能長期過那種日子。安琪拉的故事是令人難以置信的大逆轉，但忍無可忍的時刻不見得都那麼戲劇化。我看過人們只是因為不想再支付信用卡利息，就受不了，徹底檢討理財方式。不一定要情況危急——只需要你覺得忍無可忍。

我也見過人們想過更好的生活，便做出艱難的改變。我們團隊有個成員妥善規劃預算，但在懷抱夢想的過程中發現，她想為孩子搬到更好的學區。她做了一番研究，然後和她的丈夫協商，確定該怎麼做才能搬家。

她後來說，她本來以為辦不到——夫妻商量後，她發現十個月內就能做到。他們需要出點心力：維修現有的房子，以便出售；收緊預算，節省額外現金，但都是可以執行的事項。她的夢想是幫孩子在好學區買個長居久住的家，這是促使她改變的催化劑。

無論你是為了擺脫糟糕的處境，或為了追求新事物，改變的痛苦小於保持不變的痛苦時，你就不得不採取行動。

改變如何發生？

一旦你決定改變，需要幾個要素才能堅持下去，只要少一個，就不可能有始有終。我和克勞德博士討論過改變，他說其實改變分成三個部分：

1. 覺察問題或困難。

2.困難即時發生時，保持專心關注。

3.刻意、反覆練習不同的事物。

在這本書中，我們透過觀察你個人的理財心態、你如何運用金錢以及原因，已經得到相當程度的覺察，現在可能已經找到你想改善的理財習慣或理財心態的方法。**困難即時發生時，保持專心關注**是你需要思考的問題，並且留意日常生活有哪些因素誘發這些問題。然後，你必須**刻意、反覆練習不同的事物**。也就是一而再、再而三地選擇新行為，包括向他人求援。我舉例說明。

數以百萬計的人通過**財務安定學習中心**（FPU）的幫助掌控金錢，課程之所以如此成功，是因為包含持久改變的所有三要素。人們來上課是因為他們已經意識**到問題**，或者正處於想改變的階段。他們經歷了忍無可忍的時刻，或者他們想追求更美好的人生。

他們專注關切金錢問題，取得新工具和新的做事方式，例如使用EveryDollar應用程式規劃預算。他們每個月做一份零基預算，記錄每日開銷，停止過度消費，賣掉不需要的東西。犯錯時，他們會注意到，並加以修正。

FPU學員還刻意、反覆選擇不同的生活方式。學員在安全、坦蕩蕩的環境中與志同道合的夥伴一起參加小組討論。班上同學彼此支持、打氣、互相監督，一起慶祝每筆債務的償還。他們不斷與配偶、問責夥伴討論金錢，持續努力，快速得到勝利，建立長期的動力和熱情。日積月累下來，他們看到自己的財務狀況改變，這些新行為成為習慣。當所有要素都到位時，看到持久的變化發生，真的很神奇。

這是成功的狀況。如果沒那麼容易，又是什麼情形呢？

第14章 改變你的金錢和人生

我們在公司刁難我爸，因為改變對他來說似乎真的很容易。他和我媽忍無可忍的時刻就是破產，開始明智理財之後就沒再走回頭路。我們常聽他說「改變就對了！」問題是改變不是說變就變，往往也不容易。

如果沒有正確的要素，很難有持久的改變，但也可能因為其他原因而不容易做到。顯然，你的個性影響消化資訊、決定改變的快慢。此外，情況的嚴重性也會影響你的改變方式。假設你有心臟病，醫生說唯一的活路就是改變飲食方式，你很容易就能拒絕下一份牛排。但這也不是唯一影響改變的因素。

克勞德博士告訴我，「在沒有矛盾的領域，你的改變很快。如果牽涉到恐懼或矛盾，就比較難改變。」例如以往你花錢受到嚴厲管制，停止過度消費可能更難，因為你仍然背負以前的的矛盾包袱。如果你在寬容的環境長大，因為不受矛盾情緒控制，你可以自在地改變，謹守預算。所以我們每個人都有容易改變之處，也有難以調整的方面。對大衛・藍西而言，在金錢方面自律很容易，但他也有難以改變的地方。也許對你來說，飲食習慣調整得更健康很容易，但你尚未成功改變理財習慣。也許你致力於每日健身，卻難以慷慨解囊。這都很正常，但不表示你不必改。

阻力很正常

你是否曾經興致勃勃想改變某件事情，當難度提高時，卻感到意外？考慮改變時——即使對你來說很容易——你得知道，阻力很正常，而且要有準備。以下討論三種你可能碰上的阻力，無論你要改變的是什麼事情。

● 突破不適感

公司這麼多年來已經大幅成長，納什維爾南部有五棟大樓都有我們的辦公室。我們開始夢想在同一棟大樓辦公，因此決定建立新校園。從購買土地到遷入的過程花了四年的時間，這棟新建築耗費成千上萬的工時和細部計畫：各式各樣的許可證、一組設計團隊和建築師、承包商，還要將新設施搬到工地。

新辦公室是全新、先進的二十二萬平方呎（六一八一坪）的空間。我們搬進新大樓幾個月後，第二階段就破土動工——再增加一個二十萬平方呎（五六一九坪）的高塔。這裡每寸土地都用現金支付，將來也不會借貸。其實溫斯頓從頭到尾都負責推進整個專案，我以他為榮。

大家可以在這棟新大樓一起工作，我們整個團隊都無比興奮，這也是大幅度的升級。大樓甚至有一家完整的餐廳，裡面有全職員工為大家提供美味食物——早餐、午餐和支援特別活動！新大樓的一切都比以前好。但有趣的是，儘管這棟辦公大樓再美、再新、再好，搬到這裡也需要克服不適應，也很費神。

儘管我們雇用了搬家公司負責所有粗活，但整個團隊搬遷過去之後都累壞。不是因為他們託運大箱子，而是因為一切都是新的：上班要換路線，必須搞清楚在哪裡停車、從哪裡進大樓、走哪個樓梯、咖啡在哪裡、哪種咖啡最好、何時吃午飯、每間會議室在哪裡、擺放新桌子的最佳方式、面紙在哪裡、員工會議和做禮拜時要坐哪裡。整整一週的多數細節都是全新事項，我們都累壞了！我們有些人特別喜歡照慣例做事，各種變化都導致不適。

這就是改變的過程，改變需要更多努力、更多時間。如果因為需要付出更多，我們就放棄建造新大樓，那該有多荒謬？值得做的事情，就值得付出更多努力。計畫改變時，一定會牽涉到不適，需要更多精力。如果你很早就感到疲憊不堪，你要知道這是因為你正在開創新格局。堅持到底，會越來越容易。

●唱衰的人回來了

你要準備面對的另一種阻力是唱衰的人，他們會說你不可能改變。他們會告訴你，不欠債不可能過得好。他們會說世道對你不友善，在現今文化中，你不可能發財致富。說這些話的可能是你的父母、恩師、室友，或教會的人。請聽聽我以前的牧師怎麼說：「有經驗的人不會任由有意見的人擺布。」我真的不在乎其他人對金錢的看法。很多人說沒有信用卡就無法生活，並不是。很多人說上大學一定會欠下學貸，事實並非如此。事實指出，世上沒有「好債務」。

事實是我親身實踐「循序漸進法」，看到這個方法的功效。成千上萬的人遵循「循序漸進法」，我和他們談過，看到這些方法如何改變他們的人生。事實勝於雄辯，大家體驗過的這些事實將改變你的人生。當你準備改變時，**自己做功課**。瞭解事實，不要依賴別人的意見。

●步調不同

你準備面對的最後一種阻力來自夫妻關係。我們先探討這一點如何影響婚姻，再討論對單身者的影響。

我們聽到很多男人和女人說他們很難與配偶在金錢方面達到共識，有時，夫妻雙方步調不同，因為一個規劃預算，另一個對財務狀況一無所知。事實上，藍西顧問公司做的報告指出，百分之八十八的女性說她們是家中做預算的主導人或協同負責人㊵。此外，只有百分之四十一的男性說他們分擔日常採買——這表示這項責任主要也由女性承擔㊶。獨自承擔家庭財務健康並不健康，就算是最好的狀況也很孤單。最糟糕的狀況則是另一半若不懂理財，恐怕相當危險。

好心的伴侶可能幾年後驀然回首，發現自己債台高築。月光族的心理可能很難捱，以致有些人甚至隱瞞債務和財務不安全感的祕密。他們向他們所愛的人隱瞞事實，甚至欺騙自己。但是祕密會讓你垂頭喪氣，導致婚姻缺乏信任。誠實面對財務很艱難，卻能解放你。一旦坦承事實，你的心情會比較好，也能一起擬定計畫。如果你正獨自承擔財務壓力，請別這麼做。兩人共同協商，財務和婚姻關係都會更牢固。

一方更致力在理財方面取得進展，也會導致夫妻不同調，可能重挫兩人的婚姻，導致關係緊張。一個準備採取極端措施，例如賣房子，帶著三個孩子搬到兩房公寓以擺脫債務；另一個甚至繼續外食，也不打算停掉有線電視。夫妻雙方可能想要相同的

㊵ 作者註：藍西顧問公司二〇二〇年所做的「消費者債務調查報告」。

㊶ 作者註：〈婦女：為進步做好準備〉（Women: Primed and Ready for Progress），尼爾森行銷研究公司（Nielson）二〇一九年十月十四日刊載於部落格「Insights」的文章。

結果，達到目標的動力卻不一致。

如果你們夫妻針對理財方式的改變尚未達成共識，必須先解決這個問題，才能執行任何改變。如果一方為某個目標努力，另一方卻興趣缺缺，幾乎不可能發財致富。如果這就是你的問題，有幾件事可以幫助你們夫妻達成共識。

●談論的口氣

首先，注意你的語氣。說話的方式和內容一樣重要。有時決心改變的一方會透過騷擾、碎唸說服對方。而且情節嚴重到「藍西」在他們家等同於髒話，別這樣，這個方法行不通。

這一點應該不必我說，但我還是要說：請不要凶巴巴。你何時會因為別人對你大喊大叫或羞辱你，而決心洗心革面？說真的，想想你上次在臉書看到的筆戰。那些刻薄的字句改變你對任何事情的看法嗎？當然沒有。體貼你的伴侶。掌控財務應該讓你們更緊密，而不是更疏離。此外切記，既然你們結婚了，這不是他或她的債務，是你們共同的債務。你們是團隊，不是敵人。

如果你們討論金錢就會引發敵意，我強烈建議你們找婚姻諮商師。在財務上達到共識，對婚姻的長期健康非常重要。如果現在很難做到，你們可能有更大的問題需要解決。

●解釋你的原因

幫助你們達成共識的第二個方法，是冷靜解釋你為什麼要改變理財方式。不要嘮叨或叫罵，只是誠實地與配偶分享你的渴望和憂慮。分享你對自己理財心態的認識，以及對配偶任何行為的頓悟，也有幫助。

你想改變理財習慣的原因可能很多。你可能嚇壞了。也許你擔心無以面對緊急狀況，你又希望有安全感。也許是為了你的孩子，你想教導他們更好的方法，以防他們犯下一樣的錯誤。也可能是你想實現夢寐以求的願望。也許你夢想每年全家一起旅行，享受彼此的陪伴，留下美好回憶。請記住，會發生改變，可能是因為你想擺脫困境，或是希望人生更上一層樓。

●具體呈現

鼓勵配偶改變理財習慣的另一個方法是具體呈現。如果有一天你回家，隨口說：「我們要賣掉你的卡車還債。」你的伴侶不可能興奮地上下跳吧。對方可能回應：「最好是！」或「為什麼不賣你的車？」行行好，千萬不要在他們不知情的狀況下賣掉他們的車！記住，這些試算表和計算結果是提供你的家庭使用，你的家庭不是為了這些試算表而存在。

把這些數字全寫在紙上。（寫得整齊也很重要！）計算出擺脫債務需要多長的時間，以及還清債務之後可以讓每個月多出多少錢。用白紙黑字告訴他們，今天的犧牲在兩年後（無論需要多久）多麼值得。然後告訴你的伴侶，如果不改變，未來會落到什麼田地。看到確切的時間表和實際的計畫，可以幫助他們看到這件事情辦得到，也非做不可。

●第三方的力量

你們夫妻達成共識的最後一個方法是找來第三方。我常聽無債一身輕，或者正實現計畫的夫妻說到，起初有一方並不同意。我對不肯配合的配偶提出的第一個問題是：「你後來怎麼願意？」有一半以上的人說：「我開始聽播客。」或者「我讀了一本妳的書。」又或者是「我本來不想，但我去財務安定學習中心，我被說服了。」通常敘述計畫的第三方可以幫助他們聽進去，聽明白。

第三方可以是理財顧問公司的相關資源，也可以是牧師、婚姻諮商師或財務顧問。婚姻中的金錢問題是夫妻關係緊張的主要原因。處理夫妻衝突或其他深層問題時，尋求協助並不丟人。

如果你們夫妻尚未達到共識，記住要對彼此有耐心。你不能強迫任何人改變，每個人都必須自己決心改變。你的伴侶可能需要他們自己覺得忍無可忍時，才願意改變。耐心陪伴他們走過這個階段，**你們的關係比自我設定的還債期限更重要**。

妙的是夫妻決定開始實施「循序漸進法」時，也常看到丈夫全力以赴，妻子倒是「無所謂」。但在實施計畫幾個月後，她在YouTube上看到許多人大喊無債一身輕，她隔天就火力全開，賣掉家裡一半的東西賺外快。太太最後比丈夫更有動力。我們每個人都得有自己靈光乍現的時刻，不要咄咄逼人。儘管耐性不是性感話題，對婚姻關係的健康卻至關緊要。

●不要孤軍奮戰

如果你是單身，就不必與別人協商理財決策。就某方面來看，可能很自在輕鬆。但請聽我說，與信任的人一起審視財務，眞的很有幫助。你可以設定每月一次，一起檢閱你的實際預算。你甚至可以要求他們一個月檢查你的財務狀況一或兩次，這麼做不是因為你能力不足。你絕對可以在金錢上單打獨鬥，發財致富！這麼做是因為他人的觀點可能對你有幫助。

我的好朋友安妮未婚，她說未婚人士很容易偷偷摸摸地消費，因為他們顯然不必對誰負責。她說她與兩個好友一起討論大宗消費（如旅行），對她頗有助益。她做決定之前會算給她們看，這個方法可以幫她消化決策過程，也讓她負起責任。有時你只需要一個或兩個局外人告訴你：「你可以花這筆錢。你現在的經濟狀況很好，花吧！」

但是和密友分享數字可能令人不自在，尤其你若不想透露自己賺多少，的確需要特殊交情才做得到。我想告訴你，辛苦找到願意分享的人，不是無用功。你要操煩的事情很多，因為你獨自負責賺錢、繳房租或房貸、採買食物、開車去修。就讓另一個人分享他們的看法和經驗吧。

別人看得到我們看不到的層面。他們可以提出簡單建議，幫我們賺到想都沒想過的額外收入。我們花太多錢買衣服時，他們可以提醒我們。我們漸漸失去動力時，他們可以監督我們負起責任（成為我們最大的啦啦隊！）還完債務。況且能夠與另一個人分享勝利也很開心。對方可能是你的好友、同事、財務安定學習中心的班長或顧問，只要確定他們與你志同道合。那些喜歡靠信用卡累積點數和航空哩程的人，不會理解你為什麼這麼做。請運用智慧選擇這個對象。

真正改變的背後的力量

考慮改變財務狀況時，你自知必須克服許多障礙，一定需要強大力量驅使你往前邁進。你有想過哪一點驅使你改變嗎？哪件事驅使你持續下去？答案可能不如你所預期。

推動改革的不是邏輯。

不是情感。

甚至不是意志力。

當你相信時，就會發生變化。你知道這個問題存在。你對問題的理解不斷加深。你發現解決問題的清晰道路。成功辦到的人已經告訴你。你相信自己真有辦法改變人生的信念，也越來越強大。

當你真正相信時，就擁有世界上最強大、最有說服力、最有驅動力的力量：**希望**。希望不是虛無縹緲的感覺，也不是願望。**希望是相信你的行動可以創造正面的成果**。希望可以讓你為了更偉大的明天，犧牲今天。當你懷抱希望，世界突然無限寬廣。希望的力量難以置信。

柯特・李克特（Curt Richter）是約翰・霍普金斯大學的教授，他對希望的力量有驚人的發現。先警告各位，李克特博士的研究不適合膽小鬼，因為我們將談論到老鼠的死亡，我知道，我知道，但請繼續看下去，他的發現將改變你對希望的看法。

一九五〇年代，李克特博士率領的團隊研究，如果把老鼠放在沒有出路的水缸裡，牠們會掙扎多久。他研究的野老鼠以凶猛、好鬥聞名，而且「不斷留意有無逃跑的途徑」，這些老鼠在放入水缸不到十五分鐘之內溺斃。十五分鐘！因為這些老鼠非常堅韌，這個結果很離譜。研究人員得出結論：「這些老鼠面對危險幾乎都放棄戰鬥或逃跑，感覺似乎是覺得無望……老鼠處於無法防禦的狀況。㊷」沒有希望，老鼠很快就會放棄。

在後來的研究中，李克特博士等人在把老鼠放進水缸前，進行簡單調教。有幾次他們把老鼠浸在水裡幾分鐘，然後馬上拉出來。「透過這種方式，老鼠很快就知道實際上並非毫無希望；因此又變得有攻擊性，試圖逃跑，一點都沒有要放棄的跡象。」這些老鼠曾經獲救，所以牠們相信每次被丟進水裡都會被救出來，因而有了希望。這種希望促使老鼠連續游了六十個小時，**比沒受過調教的老鼠多游了二百四十倍**㊸。希

㊷ 作者註：〈希望的非凡力量〉（The Remarkable Power of Hope），喬瑟夫．哈里南（Joseph T. Hallinan）二〇一四年五月七日刊載於「今日心理學」網站的文章。

㊸ 同上。

望是求生燃料。

你知道我們顧問公司成立將近三十年發現什麼？這個道理也適用於我們。每個人都需要一個理由繼續游下去！「希望」是任何改變背後的燃料。我們有了希望——我們真心相信可以過得更好——就願意（而且往往很興奮）做出必要犧牲。我們常告訴大家，為了擺脫債務，什麼都能賣，甚至是他們的車，只要他們能夠想辦法應付全家只有一部車或沒有車的挑戰。如果只是為了好玩而照做，那就太瘋狂了。如果你只是順從別人的建議，我個人會懷疑你是否神智正常。如果你相信犧牲生活方式改變人生，就會很興奮地賣掉你的車，因為賣車會有更好的成果。你有錢可以還債，為未來儲蓄；你可以好好生活，慷慨奉獻；你終於得到平靜。這些成果都由希望開始，也是因為希望才有辦法堅持下去。

● 證據建立希望

你是不是愛死婚禮？美麗的婚紗，精挑細選的擺飾和可口的蛋糕，還有婚宴現場那股興奮和喜悅。新人在親朋好友面前許下誓言，他們向彼此許諾：「至死不渝。」

無論如何，這個承諾終生不變。

退一步想想，似乎挺瘋狂。新人結婚時，不知道未來會發生什麼事情。肯定有美好時光，但也可能面臨失業、疾病和親人過世。一方可能劈腿，甚至徹底放棄這段婚姻。即使冒著如此巨大的心痛風險，為什麼還是有人願意結婚呢？

唯有相信你的人生會更美好，才會走進這種永久關係。你看到足夠證據，相信這種事情可以實現——即使很困難。證據建立希望。想一想：

1. 情侶交往時一起度過難關，他們因此更親密。
2. 他們看到彼此在沒有人發現的狀況下也不會偷雞摸狗。
3. 他們知道如何公平競爭。
4. 他們一起做了婚前諮商，兩人碰上問題時，有新方法處理。
5. 他們甚至承諾婚後繼續接受諮商，維持健康的關係。
6. 他們看到身邊有幸福的夫妻，知道這種事情辦得到，也知道這種生活有多美好。

走入婚姻殿堂的情侶看得夠多，也經歷得夠多，相信穩固、健康的婚姻不僅有可能，而且機率不小。

在法庭上，證據說服陪審團做出決定。同樣地，不同種類的證據說服你相信——激發你的希望，相信自己可以改善財務和人生。要從參與到投入，要長期堅持，要克服阻力、恐懼和不良的理財習慣——**你需要證據和證據提供的希望。**

我們都需要新資訊，才能打造更美好的未來。如果你準備點燃希望，我們有大量資源可以幫助你。根據你在這趟旅程中的位置，以下是我建議你的起點：（編註：以下為作者建議，皆為英文網站。）

如果這是你第一次接觸，請上rachelcruze.com網站看「瑞秋・克魯茲秀」，也可以在daveramsey.com上看我父親的節目。

如果你需要從改善財務的人身上得到靈感，請在YouTube上搜索「大喊『無債一身輕』」（Debt-Free Scream）。

如果你想要量身打造的財務計畫，上daveramsey.com/start。這是免費的三分鐘線上評估，可以彙集你個人的狀況，制定適合你的計畫。

如果你需要規劃預算方面的協助——這個工具可以幫助你完成整個「循序漸進法」！——請下載我們免費的EveryDollar應用程式。

如果你已經準備好開始努力掌控財務狀況，請上ramseyplus .com查看Ramsey+。你展開這趟旅程——以及持續下去——所需要的一切，這裡應有盡有。Ramsey+包括財務安定學習中心、EveryDollar Plus、「循序漸進法」追蹤紀錄、免費的串流活動、不斷增加的虛擬課程，以及在每個步驟為你加油打氣的線上社群。如果你真想發財致富，沒有比這裡更好的起點了。

你想要有不同的結果，就得做不同的事情。這些資源可以讓你更深入瞭解要改變什麼、如何改變，以便建立你鍾愛的人生。你完全投入之前，不可能有真正、持久的改變。如果你發現自己現在只是在參與階段，就透過親眼看到、親耳聽到的證據，投資你自己、你的人際關係和你的未來吧。

輪到你了

1. 哪個生活領域的改變對你來說比較容易？那是什麼感覺？改變哪個領域對你而言比較困難？

2. 你想改變人生哪個層面？為什麼？

3. 對於你想改變的每個層面，想想你在參與或投入量表上的落點（或者想想你是否已經在這個量表上）。

4. 為了更妥善理財，你現在必須停止做什麼？又必須開始做什麼？

該出發了

恭喜！你成功了。截至目前為止，你所讀的內容都是為了把我們帶到這裡。希望你已經瞭解你自己以及你的過去、現在和未來如何影響你今天的理財方式。我們談到你兒時的理財課堂，你獨特的理財習性，你對金錢的恐懼，以及你如何應對理財失誤。我們還探討哪些原因影響你花錢、存錢和奉獻，如何對你的財務做出持久的改變—以及這些事情如何影響你的戀情或婚姻。接下來要進入真實世界，用這些方法幫助你更快發財致富！

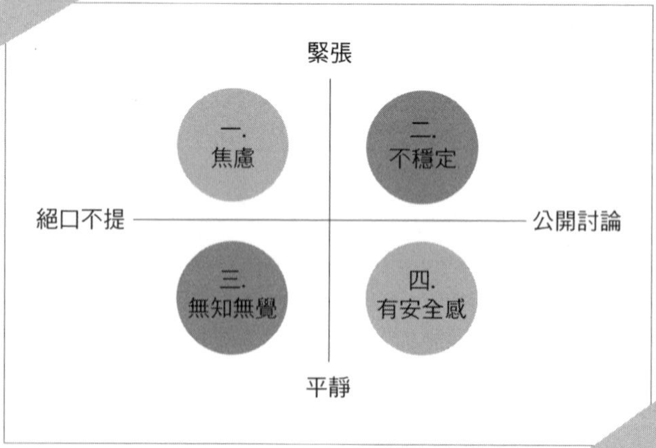

花點時間，爬梳你對每一章結尾的「輪到你了」的回答。檢視你對自己有什麼瞭解，然後，回答以下幾頁的問題，釐清自己的理財簡況。

---

1. 我是在＿＿＿＿＿＿＿＿教室長大。

今天我在這個理財課堂面臨的考驗是：

我需要改進的地方是：

---

2. 我的理財習性是（在每條線上畫一個點標出你的位置）。

存錢型 ————————— 花錢型

按部就班型 ——— 自由奔放型

注重體驗 ——— 注重物質

注重品質 ——— 注重數量

安全感 ——— 身份地位

富足心態 ——— 匱乏心態

有計劃地捐獻 ——— 想捐就捐

以下是我適度和強烈的習性：

以下是我目前比較極端的習性，需要做調整：

---

3. 我現在面臨的主要金錢恐懼是：

這些恐懼透過以下方式影響我的理財選擇：

與這些恐懼相對應的事實是：

4. 當理財疏失發生時，我的反應是太多寬容或太過嚴苛（圈選一個）。

太多寬容 ↔ 太過嚴苛

為了在恩典和真理之間找到更平衡的對應方式，我必須有所改變：

5. 涉及消費時，我買東西是為了自己／為別人（圈選一個）。

熱愛你的生活 ↔ 讓人刮目相看

以下是我最愛的問題，可以幫助我釐清自己買東西是否為了讓人刮目相看：

我只能買對自己和家人最有利的東西，以下是我需要密切注意的預算種類：

---

6. 我明白存錢和夢想的關聯，知道我天生是夢想型／務實型（圈選一個）。

夢想型 ←→ 務實型

我這生最想完成的夢想是：

我正在積極執行以下步驟，實現我的夢想：

7. 以下哪個陳述最能反映你對金錢的看法：

- 我對金錢小氣吝嗇，認為這是我的錢，我想怎麼用就怎麼用，而且能不能活下去、是否成功完全操之在我。
- 我對金錢大方，相信我必須好好管理，相信上帝會提供生活所需。

目前我最喜歡大方奉獻時間、才華和財富的方式是：

---

8. 如果我誠實面對自己，我參與／投入發財致富（圈選一個）。

投入 ←————→ 參與

我之所以知道是因為：

為了更投入，我將每週／每月做下列事項：

請先好好看看這些答案，這是你今天的理財簡況。注意你在哪些方面是適度，哪些方面太極端。留意你在哪一方面有好習慣，哪一方面又沒有。注意你在哪些方面很強，哪些方面又需要幫助。這些標記讓你看到自己的落點，你就能強化優勢，做出刻意改變，以便生活在「有安全感的課堂」，真正達到財務安定。這些瞭解也能幫助你和最親近的人談論金錢。

在花錢和存錢那幾章，我們談到更深層原因的重要性：只要你願意，你獨特的價值觀和人生意義可以左右你的決定，你和你的財務狀況也能因此長久走在正道上。除了瞭解你自己的理財簡況，如果你還沒有自己的原因聲明，我也希望你寫一份，這可以幫助你徹底瞭解你最看重什麼，你就能專注往目標邁進，並且針對這一點與你最親近的人溝通。

下面是原因聲明的範例：

- 金錢是工具，幫助我做到我最看重的事情。現在對我而言，最重要的事情就是轉換工作跑道，追求我對護理工作的熱情。
- 實現目標的最快方法是用我的錢一次只做一件事。現在我只致力於用現金支付護理學校的學費，我畢業就不必還學貸。
- 實現這個目標之後，我會利用週末找個地方度假慶祝！
- 我的問責夥伴是我的伴侶，我將在每月初的預算會議上向他／她彙報我的財務狀況，並每天檢查 EveryDollar，確保遵守每個類別的預算。

輪到你了！填空創造你自己的原因聲明。

我的原因聲明

金錢是工具，幫助我做到我最看重的事情。

現在對我而言，最重要的事情就是＿＿＿＿＿＿＿＿

＿＿＿＿＿＿＿＿＿＿

實現目標的最快方法是用我的錢一次只做一件事。現在我只致力於＿＿＿＿＿＿

＿＿＿＿＿＿＿＿＿＿

實現這個目標之後，我會＿＿＿＿＿＿＿＿

＿＿＿＿＿＿＿＿＿＿

我的問責夥伴是＿＿＿＿＿＿，我將在＿＿＿＿＿＿彙報我的財務狀況

＿＿＿＿＿＿＿＿＿＿

月度節奏

現在你有理財簡況和原因聲明，我希望你把它們納入每月預算。你知道我不可能不談規劃預算就放過你！（前面我盡量避免太常使用戰略，現在我忍不住了！）如果你覺得規劃預算很陌生，告訴你，這是掌控你金錢的關鍵。

如果你還沒有，第一件事就是每個月做零基預算——而且要在這個月開始之前。零基預算的重點就是收入減去所有支出等於零。

收入－支出＝零

如果你這個月支付所有開銷，還剩五百美元，你就是沒完成預算。你必須知道這五百元該用在哪裡。聽著——第一個月做預算一定有偏差，因為你還在學習！第二個月會好一點。到了第三個月，你的預算就會發揮作用。

而且因為每個月都不一樣，必須每個月都做一個新預算。規劃月度預算是記住你其實不是花掉每一塊錢！這是留意你每分收入的去處，你才能做你最看重的事情。你的每月預算要發揮功效，有幾件事要做。

1. 訂定每月規劃預算的時間，和某人一起逐項檢閱。如果你已婚，就找你的伴侶。如果你單身，就找也相信「循序漸進法」又值得信賴的朋友。

2. 在預算會議上，先審查你的理財簡況和原因聲明。每個月都把這些資料放在面前，可以幫助你針對關注目標，花錢時遵守紀律。隨著你的變化和成長，以及你的生活和目標的改變，隨時更新理財簡況和原因聲明。

3. 回顧上個月的消費，問自己下述問題：

- 奉獻對我來說是優先事項嗎？我有沒有體驗過奉獻的福氣？
- 上個月我是否因恐懼而花錢（或不花錢）？
- 我有沒有為了讓人刮目相看買任何東西？

・我有遵守預算？如果沒有，我在哪方面超支？為什麼？

4. 再看看下個月的預算，問自己：

・我這個月將如何奉獻？記住，你可以奉獻金錢、時間和才華。

・在我的預算中，是否有任何決定出於恐懼？哪些又正好相反，我該好好沉澱消化？我可以找誰幫忙？

・即將消費的項目中是否有哪幾項是我可能為了讓人刮目相看才買呢？我可以採取哪些防範措施？我是否需要改變我在社群媒體上的習慣，幫助我改善這一點？

・這個月的預算是幫助我實現夢想和目標，或是拖累我？如果拖累你，請評估你的支出。能否減少某些類別的開支，如外食和娛樂費用？花時間思考你的需求，而不是你的欲望，就從那裡開始刪減。

・下個月需要任何改變嗎？這可能包括規劃預算，但也可能是調整溝通、信念或界限。

每個月做預算，問問題，起初可能覺得有點怪，但你自然而然會有審視自己的節奏（如果你已婚，還有你的伴侶），確定你的財務狀況和人生都未偏離正軌。當你定期問這些問題，更容易看到你是否跳過一個步驟，或沒有任何進步。而且，為了留在正軌上，經常微調也容易多了。想更快發財致富嗎？每個月看看你在哪些方面取得成功，哪些方面又需要改變，穩定、緩慢地朝著你的夢想和目標前進。

動起來才健康

前段時間，我有機會與暢銷書作家馬克斯・巴金漢聊聊，他說：「我們以為保持平衡就健康，其實不然。動起來才健康。」我們天生就該動，該往前走，該進步，該成長。如果你的財務狀況或人生停滯不前，這種感覺不是為了讓你自我厭惡——而是好心提醒你！是為了逼你採取行動。所以動起來吧！

我在這本書開頭就說過，我寫這本書不是為了讓你饒富興味地自我探索，再漸漸淡忘。這些自我覺察是幫忙喚醒你——讓你意識到你的人生和你的故事不是偶然意外。你的天賦、優勢，可以幫助你出人頭地。如果你能利用你在本書學到的知識改善理財習慣，你不僅會更快發財致富，也能創造出你喜歡的人生。

這本書可能還揭示了你某些弱點——這是好消息！生命中這些盲點就是阻撓我們無法按照上帝旨意生活的原因。要意識到這些弱點，忠實地解決。這麼做可以讓你擺脫困境，帶來代表真正健康的進步和成長。

本書接近尾聲之際，希望你記住：錢只是生活的工具，錢不是萬能。錢不是你的主人，發財從來不是目標。我們的目標是把錢當工具，幫助你和你的家人按照自己的意願生活，促進你周遭世界的福祉。要學會上述這些事情，就要從瞭解自己、瞭解你的錢開始。

鳴謝

多虧許多人的幫助，才能塑造出今天這本書。我永遠感激能與這個傑出的團隊合作。他們充滿熱情，幫助人們更進一步探索自我，繼而幫人們在金錢和人生方面取得勝利！我特別要感謝：

溫斯頓・克魯茲，謝謝你這兩年對這本書的支持，你自己還有重要工作，畢竟我懷孕了，我們又正在蓋房子。

大衛・藍西，謝謝你教導我許許多多，你知道我有這個構想，繼而敦促我寫出最棒的書。

珍妮佛・戴伊（Jennifer Day），我說過，我還要再說一次：妳是天堂派來的天使。謝謝妳的努力，謝謝妳造就這本書！

艾美・麥康諾（Ami McConnell），感謝妳將我的文字和故事塑造成人們願意閱讀的過程！妳對這本書有莫大幫助。

普雷斯頓・卡農（Preston Cannon），感謝你從頭到尾的帶領，謝謝你在這段期間添加的幽默。

凱蒂・克倫蕭（Katie Crenshaw），感謝妳的領導和鼓勵。我很慶幸妳是我的老闆。

艾美・麥卡隆（Amy McCollom），謝謝妳協調幾百萬個細節，才能出版這本書！

瑞秋・奈普（Rachel Knapp），感謝妳的卓越編輯。與妳合作總是樂事，妳的表現如此傑出。

克里斯・卡瑞可（Chris Carrico）、布萊德・丹尼森（Brad Dennison）、布萊德・恩博吉亞（Brad Imburgia）、威爾・史密斯（Will Smith）和賽斯・法默（Seth Farmer），感謝你們的設計，謝謝你們的天賦，這本書才能這麼出色。

海蒂・艾格羅夫（Heidi Egloff）、寇瑞・麥瑞（Cory Mabry）與凱特琳・寇菲德（Caitlin Cofield），感謝你們這些最棒的宣傳、行銷頭腦，衷心感謝你們所有人。

傑瑞米・布里藍（Jeremy Breland）、蘇珊・席姆斯（Suzanne Simms）、珍・席維斯坦（Jen Sieversten）、安迪・巴頓（Andy Barton）、茱莉亞・邁海爾（Julia Mynhier）、艾琳・德魯瑞（Erin Drury）、娜歐蜜・帕頓（Naomi Parton）、羅斯・賽勒斯（Russ Sellars）、凱西・桑克斯（Cathy Shanks）、艾蓮娜・德瑞曼（Alena Drehmann）、提姆・史密斯（Tim Smith）、娜塔莉・威爾森（Natalie Wilson）、夏恩・艾默森（Shane Emerson），以及其他許許多多無法一一點名的人，謝謝他們貢獻時間、領導、祈禱與辛勤工作。

Road 014

和你的錢對話：不再恐懼沒有錢，瞭解自己，瞭解你的錢

填回函雙重禮
① 立即送購書優惠券
② 抽獎小禮物

作者｜瑞秋．克魯茲
譯者｜林師祺
出版者｜大田出版有限公司
台北市一〇四四五中山北路二段二十六巷二號二樓
E-mail｜titan@morningstar.com.tw http://www.titan3.com.tw
編輯部專線｜（02）2562-1383 傳真：（02）2581-8761
總編輯｜莊培園
副總編輯｜蔡鳳儀
行銷編輯｜藍婉心
行政編輯｜楊雅涵／鄭鈺澐
校對｜黃素芬／黃薇霓

初刷｜二〇二二（民111）年十月十二日 定價：三九九元

網路書店｜http://www.morningstar.com.tw（晨星網路書店）
TEL:（04）23595819 FAX:（04）23595493
購書Email｜service@morningstar.com.tw
郵政劃撥｜15060393（知己圖書股份有限公司）
印刷｜上好印刷股份有限公司
國際書碼｜978-986-179-761-8 CIP:563/111011213

國家圖書館出版品預行編目資料

和你的錢對話：不再恐懼沒有錢，瞭解自己，瞭解你的錢／瑞秋．克魯茲著；林師祺譯．
——初版——台北市：大田，2022.10
面；公分．——（Road；014）

ISBN 978-986-179-761-8（平裝）

563　　111011213